产业技术进步驱动信息安全专业课程体系改革的机制研究

何　欢　梁雪梅　赵　怡
黄将诚　吴焱岷　雷巧莉　著

西南交通大学出版社
·成都·

图书在版编目（CIP）数据

产业技术进步驱动信息安全专业课程体系改革的机制研究 / 何欢等著. —成都：西南交通大学出版社，2020.4

ISBN 978-7-5643-7350-4

Ⅰ.①产… Ⅱ.①何… Ⅲ.①信息安全 – 课程体系 – 课程改革 – 高等学校 Ⅳ.①G203

中国版本图书馆 CIP 数据核字（2019）第 301867 号

Chanye Jishu Jinbu Qudong Xinxi Anquan Zhuanye Kecheng Tixi Gaige de Jizhi Yanjiu

产业技术进步驱动信息安全专业课程体系改革的机制研究

何 欢　梁雪梅　赵 怡　　　著
黄将诚　吴焱岷　雷巧莉

责 任 编 辑	王小龙
封 面 设 计	墨创文化
出 版 发 行	西南交通大学出版社 （四川省成都市金牛区二环路北一段 111 号 西南交通大学创新大厦 21 楼）
发 行 部 电 话	028-87600564　028-87600533
邮 政 编 码	610031
网　　　　址	http://www.xnjdcbs.com
印　　　　刷	成都蜀通印务有限责任公司
成 品 尺 寸	170 mm×230 mm
印　　　　张	12
字　　　　数	179 千
版　　　　次	2020 年 4 月第 1 版
印　　　　次	2020 年 4 月第 1 次
书　　　　号	ISBN 978-7-5643-7350-4
定　　　　价	78.00 元

图书如有印装质量问题　本社负责退换
版权所有　盗版必究　举报电话：028-87600562

前言 PREFACE

高等职业教育以培养生产、建设、管理、服务等领域的高素质技能型专业人才为根本任务，在建设教育强国和人才强国的伟大进程中发挥着不可替代的作用。截至2019年6月15日，全国高职高专院校共计1 423所，其中公办高职高专院校1 098所，民办高职高专院校322所，中外合作办学高职高专院校3所（数据来源：教育部）。2018年全年全国高职招生规模为368.9万人，目前已落实2019年全国高职招生计划增量115万人，高等职业教育成为培养高技能人才的主要基础力量（数据来源：教育部）。

自2018年开年以来，利好职业教育发展的高层精神及相关政策不断落地。

2019年1月24日，国务院印发《国家职业教育改革实施方案》，支持和规范社会力量兴办职业教育培训，鼓励发展股份制、混合所有制等职业院校和各类职业培训机构。

2019年3月5日，国务院总理李克强作政府工作报告时明确指出"加快发展现代职业教育，既有利于缓解当前就业压力，也是解决高技能人才短缺的战略之举。改革完善高职院校考试招生办法，今年要大规模扩招100万人"。国金证券研报显示，2018年普通专科招生369万人，若扩招100万人，则2019年普通专科招生人数同比增幅为27%，是2018年同比增幅的5倍以上。

根据人社部数据，截止2017年年底，全国共有技能劳动者1.65亿人，占就业人员总量的21.3%，其中高技能人才4 791

万人，仅占比 6.2%；就业市场以普通劳动力为主，技术型人才短缺。随着产业转型升级的需求加大，高技能人才的缺乏日益突显，中国需要高职教育改良人才供需市场现状已成必然。

重庆电子工程职业学院是由重庆市政府举办、重庆市教委主管、市教委与市经信委共建的全日制普通高等院校。学校始建于 1965 年，位于重庆市沙坪坝区大学城，占地 1 371 亩（约合 9.14×10^5 平方米），固定资产价值 10.94 亿元，校舍面积 51.94 万平方米，教学科研仪器设备价值 2.83 亿元，全日制在校生人数 21 361 人，馆藏图书 140.5 万册。

学校是 100 所"国家示范性高等职业院校"、200 所"国家优质专科高等职业院校"之一，教育部"首批教学工作诊断与改进工作试点单位""首批现代学徒制试点单位""全国重点建设职业教育师资培养培训基地"，人社部、财政部"国家级高技能人才培训基地"。学校信息安全与管理专业是国家示范院校建设重点建设专业，同时也是重庆市骨干专业。该专业课程体系开发历经基于岗位需求的课程开发过程和基于工作过程的支撑平台课程体系的课程开发过程，终于在 2018 年形成了一套基于"联盟制、项目制、导师制"创新型人才培养的课程体系开发方法。

本书是信息安全与管理专业课程体系开发的过程再现与成果总结，旨在为全国高职院校提供一个科学的信息安全与管理专业的课程开发范例，提供一种课程开发方法。同时，本书为全国其他兄弟院校共享重庆电子工程职业学院信息安全与管理专业的课程开发成果提供了一种途径，以便让更多计划开设信息安全与管理专业的兄弟院校少走弯路，科学、顺利地开设具有实践成效的专业课程体系。

本书在编写过程中得到了教育部高等学校高职高专电子信息类专业教学指导委员会的倾心指导和大力支持，在此深表谢意。此外，在信息安全与管理专业课程体系的开发过程中，还得到天融信科技有限公司、中联绿盟（北京）科技有限公司、神州数码等网络安全公司的大力支持，在此一并表示感谢。

  本书是全国教育科学"十二五"规划教育部重点课题。在本书的编写过程中，重庆电子工程职业学院网络空间安全系的何欢老师（负责统筹）、梁雪梅老师、赵怡老师、黄将诚老师做了大量辛苦的工作，特表谢意。参加本书编写的还有许多网络空间安全系的同仁，在此一并表示感谢！

  由于本书是对已有成果的整理和总结，编写时间仓促，难免存在不足，敬请各位专家批评和指正，希望本书的问世能起到抛砖引玉的作用。

编 者

2019 年 10 月

编制说明 Compiling instructions

本书适用于三年全日制信息安全与管理专业,以高中毕业生为主要培养对象,由重庆电子工程职业学院网络空间安全系主持,重庆市信息安全产品测评认证中心、天融信科技有限公司、中联绿盟(北京)科技有限公司、联想网御科技有限公司、重庆电信集团公司、重庆东方 CA 认证中心、重庆计算机报等几十家企业参与,共同设计信息安全技术专业人才培养方案,并经学院专业建设委员会和学院教学工作委员会审核通过,自 2015 年实施。

1. 人才培养方案组成

本方案共 5 章:第 1 章为信息安全的法律法规及产业政策;第 2 章为信息安全技术发展的大事件和新趋势;第 3 章为基于产业政策和区域发展的需求调整专业设置;第 4 章为基于信息安全专业群与产业链双向融合的课程体系与人才培养模式;第 5 章为信息安全专业人才培养模式的制定与修订机制探索。

2. 人才培养方案设计思路与特色

通过深入企业调研、毕业生跟踪调查、市场人才招聘调研、召开校企合作专业建设委员会会议等方式,及时跟踪发展趋势和动态,参考《高等学校信息安全专业指导性专业规范》,参照职业标准和企业用人单位的岗位要求,确定了专业的培养目标和主要面向的职业岗位(群),在此基础上形成的信息安全管理专业人才培养方案具有以下特色:

（1）基于"联盟制、项目制、导师制"创新型人才培养模式的课程体系；

（2）"产教融合、链群互动"助推创新型人才培养模式；

（3）力推"创新"为课程体系核心。

3. 人才培养方案的主要编制人员

（1）人才培养方案负责人：何欢

（2）参编人员：梁雪梅、赵怡、黄将诚、吴焱岷（上述4人均来自重庆电子工程职业学院）、雷巧莉（来自重庆航天职业技术学院）、企业人员等。其中，第1章由赵怡老师编写，第2章、第3章由梁雪梅老师编写，第4章、第5章由黄将诚老师编写，吴焱岷老师、雷巧莉老师负责资料收集与审核。

本方案是 2019 年国家优质校建设与双基地建设项目成果之一，是信息安全与管理专业教学团队集体智慧的结晶。由于本方案由整理归纳形成，难免存在疏漏和不足，恳请职业教育界读者及信息安全技术专业的同仁们多提宝贵意见。

目 录 CONTECTS

第一章 信息安全的法律法规及产业政策 ········· 001
    1.1 《国家网络空间安全战略》概要 ········· 001
    1.2 《中华人民共和国网络安全法》概要 ········· 002
    1.3 《公共互联网网络安全突发事件应急预案》概要 ··· 003
    1.4 信息安全产业政策 ········· 004

第二章 信息安全技术发展的大事件和新趋势 ········· 013
    2.1 近年来国际国内信息安全的重大事件 ········· 013
    2.2 信息安全行业政策趋势 ········· 018
    2.3 信息安全行业发展趋势 ········· 031
    2.4 信息安全行业发展的影响因素及趋势 ········· 037
    2.5 信息安全教育发展趋势 ········· 046

第三章 基于产业政策和区域发展的需求调整专业设置 ······ 060
    3.1 重庆市经济发展特点与趋势 ········· 060
    3.2 高职院校专业设置现状 ········· 073

第四章 基于信息安全专业群与产业链双向融合的课程
        体系与人才培养模式 ········· 082
    4.1 产业链对接专业群，市场岗位需求导向岗位
        技术技能 ········· 082

    4.2 信息安全专业群人才培养定位，岗位技能导向
        人才培养新模式课程开发 ······················· 084
    4.3 重庆电子工程职业学院信息安全专业课程
        开发规范 ··· 095
    4.4 典型工作任务与对应的职场岗位分析 ············· 105
    4.5 信息安全与管理专业核心课程设计 ··············· 125
    4.6 信息安全与管理专业人才培养规范与要求 ········· 126

第五章 信息安全专业人才培养模式的制定与修订机制探索 ·· 135
    5.1 "联盟制、项目制、导师制"创新型人才培养
        模式的确立 ······································· 135
    5.2 "联盟制、项目制、导师制"创新型人才培养
        模式融入人才培养方案 ··························· 136
    5.3 产教融合、链群互动助推信息安全创新型人才
        培养改革动态新机制 ······························· 139

参考文献 ·· 141

附录一 《国家网络空间安全战略》 ························· 143

附录二 《中华人民共和国网络安全法》 ····················· 152

附录三 公共互联网网络安全突发事件应急预案 ············· 166

附录四 《加快发展工业互联网平台企业赋能制造业
        转型升级的指导意见》 ····························· 176

第一章

信息安全的法律法规及产业政策

1.1 《国家网络空间安全战略》概要

《国家网络空间安全战略》是为了贯彻落实习近平主席关于推进全球互联网治理体系变革的"四项原则"和构建网络空间命运共同体的"五点主张",阐明中国关于网络空间发展和安全的重大立场,指导中国网络安全工作,维护国家在网络空间的主权、安全、发展利益而制定的。

《国家网络空间安全战略》经中央网络安全和信息化领导小组批准,由国家互联网信息办公室于2016年12月27日发布并实施。(全文参见附录一)

《国家网络空间安全战略》在以下几个方面值得特别关注:

(1)《国家网络空间安全战略》指出,互联网等信息网络已经成为信息传播的新渠道、生产生活的新空间、经济发展的新引擎、文化繁荣的新载体、社会治理的新平台、交流合作的新纽带、国家主权的新疆域。随着信息技术深入发展,网络安全形势日益严峻,利用网络干涉他国内政以及大规模网络监控、窃密等活动严重危害国家政治安全和用户信息安全,关键信息基础设施遭受攻击破坏、发生重大安全事件严重危害国家经济安全和公共利益,网络谣言、颓废文化和淫秽、暴力、迷信等有害信息侵蚀文化安全和青少年身心健康,网络恐怖和违法犯罪的大量存在直接威胁人民生命财产安全、社会秩序,围绕网络空间资源控制权、规则制定权、战略主动权的国际竞争日趋激烈,网络空间军备竞赛挑战世界和平。

(2)《国家网络空间安全战略》强调,一个安全、稳定、繁荣的网络空间，对各国乃至全世界都具有重大意义。中国愿与各国一道，坚持尊重维护网络空间主权、和平利用网络空间、依法治理网络空间、统筹网络安全与发展，加强沟通，扩大共识，深化合作，积极推进全球互联网治理体系变革，共同维护网络空间的和平安全。中国致力于维护国家网络空间主权、安全、发展利益，推动互联网造福人类，推动网络空间的和平利用与共同治理。

（3）《国家网络空间安全战略》明确，当前和今后一个时期，国家网络空间安全工作的战略任务是坚定捍卫网络空间主权、坚决维护国家安全、保护关键信息基础设施、加强网络文化建设、打击网络恐怖和违法犯罪、完善网络治理体系、夯实网络安全基础、提升网络空间防护能力和强化网络空间国际合作9个方面。

1.2 《中华人民共和国网络安全法》概要

《中华人民共和国网络安全法》于2017年6月1日起正式实施，成为我国第一部规范网络空间秩序的基础性法律，是我国网络空间法治建设的重要里程碑，是依法治网、化解网络风险的法律重器，是让互联网在法治轨道上健康运行的重要保障。《中华人民共和国网络安全法》将近年来一些成熟的好做法制度化，并为将来可能的制度创新做了原则性规定，为网络安全工作提供切实法律保障。（全文参见附录二）

《中华人民共和国网络安全法》在以下几个方面值得特别关注：

（1）《中华人民共和国网络安全法》明确对公民个人信息安全进行保护，提出了个人信息保护的基本原则和要求，并对加强个人信息保护和惩治非法买卖个人信息等做出了明确规定。例如，第四十四条中规定任何个人和组织不得窃取或者以其他非法方式获取个人信息，不得非法出售或者非法向他人提供个人信息；第四十三条中规定个人信息被冒用有权要求网络运营者删除；第四十七条中规定网络运营者应当加强对其用户发布的信息的管理。

（2）《中华人民共和国网络安全法》进一步明确了政府各部门的职责权限，完善了网络安全监管体制，将现行有效的网络安全监管体制法制化，明确了网信部门与其他相关网络监管部门的职责分工。例如，

第八条规定，国家网信部门负责统筹协调网络安全工作和相关监督管理工作，国务院电信主管部门、公安部门和其他有关机关依法在各自职责范围内负责网络安全保护和监督管理工作。这种"1+X"的监管体制，符合当前互联网与现实社会全面融合的特点和我国监管需要。

（3）《中华人民共和国网络安全法》第三章用了近三分之一的篇幅规范网络运行安全，特别强调要保障关键信息基础设施的运行安全。关键信息基础设施是指那些一旦遭到破坏、丧失功能或者数据泄露，可能严重危害国家安全、国计民生、公共利益的系统和设施。网络运行安全是网络安全的重心，关键信息基础设施安全则是重中之重，与国家安全和社会公共利益息息相关。为此，《中华人民共和国网络安全法》强调在网络安全等级保护制度的基础上，对关键信息基础设施实行重点保护，明确关键信息基础设施的运营者负有更多的安全保护义务，并配以国家安全审查、重要数据强制本地存储等法律措施，确保关键信息基础设施的运行安全。

（4）《中华人民共和国网络安全法》第五章将监测预警与应急处置工作制度化、法制化，明确国家建立网络安全监测预警和信息通报制度，建立网络安全风险评估和应急工作机制，制定网络安全事件应急预案并定期演练。

1.3 《公共互联网网络安全突发事件应急预案》概要

2017年11月14日，工业和信息化部印发《公共互联网网络安全突发事件应急预案》，要求部应急办和各省（自治区、直辖市）通信管理局应当及时汇总分析突发事件隐患和预警信息，发布预警信息时，应当包括预警级别、起始时间、可能的影响范围和造成的危害、应采取的防范措施、时限要求和发布机关等，并公布咨询电话。（全文参见附录三）

《公共互联网网络安全突发事件应急预案》在以下几个方面值得特别关注：

（1）《公共互联网网络安全突发事件应急预案》中，根据社会影响范围和危害程度，将公共互联网网络安全突发事件分为四级：特别重大事件、重大事件、较大事件、一般事件。其中，特别重大事件包括：全国范围大量互联网用户无法正常上网，.cn国家顶级域名系统解析效率大幅下降，1亿以上互联网用户信息泄露，网络病毒在全国范围大面积爆发，以及其他造成或可能造成特别重大危害或影响的网络安全事件。

（2）《公共互联网网络安全突发事件应急预案》中，要求基础电信企业、域名机构、互联网企业、网络安全专业机构、网络安全企业应当通过多种途径监测、收集漏洞、病毒、网络攻击最新动向等网络安全隐患和预警信息，对发生突发事件的可能性及其可能造成的影响进行分析评估；认为可能发生特别重大或重大突发事件的，应当立即向部应急办报告；认为可能发生较大或一般突发事件的，应当立即向相关省（自治区、直辖市）通信管理局报告。

（3）《公共互联网网络安全突发事件应急预案》中，要求建立公共互联网网络突发事件预警制度，并按照紧急程度、发展态势和可能造成的危害程度，将公共互联网网络突发事件预警等级分为四级：由高到低依次用红色、橙色、黄色和蓝色标示，分别对应可能发生特别重大、重大、较大和一般网络安全突发事件。发布预警信息时，应当包括预警级别、起始时间、可能的影响范围和造成的危害、应采取的防范措施、时限要求和发布机关等，并公布咨询电话。面向社会发布预警信息可通过网站、短信、微信等多种形式。

1.4　信息安全产业政策

1.4.1　国内信息安全产业现状

近年来，随着互联网、通信、物联网、人工智能等技术的迅猛发展，我国信息安全产业进入了高速发展期。与此同时，由于国家、企业和个人信息安全意识的不断提升，以及每年计算机及网络犯罪活动带来的巨额损失与巨大威胁，信息安全的需求范围及层次也在不断拓展。

1.4.1.1 重磅政策加速落地，行业成长再上新台阶

近年来，随着国内网络安全事件频繁发生，我国政府对于信息安全防护体系的建设意识逐渐加强，政策支持力度不断上升。2016年年初，网络安全被正式划入"十三五"规划重点建设方向，在政府未来5年的100项重大建设项目中排在第6位，政府重视程度达到前所未有的高度。随着顶层设计的明确，2016年下半年开始，相关支持政策出台速度明显加快，包括《中华人民共和国网络安全法》《国家网络空间安全战略》《战略性新兴产业重点产品和服务指导目录》在内的多个重磅政策文件密集出台，加速推动信息安全产品需求释放。从政策趋势来看，未来政府对信息安全建设的支持力度有望继续提升。

信息安全防护体系建设的政策支持力度自2016年下半年起逐步提升。政策驱动下各领域安全防护投资力度不断加大，行业市场规模快速增长。随着近年政策扶持力度的提升，政府、军队、电信、银行等关键领域对于信息安全建设的力度明显加大，带动我国信息安全市场呈现快速发展的态势。根据数据显示，2012年我国信息安全产业规模仅为157.26亿元，2016年这一市场规模已升至341.72亿元。而且随着政策的加快推动，云计算对于IT基础设施的重构，以及物联网设备的迅速增长，我国网络信息安全行业迎来全新的发展阶段，预计2017—2021年的行业复合增速为23.2%，2021年行业整体规模将达到千亿元级，行业景气度将持续走高。

1.4.1.2 信息安全领域资本热度不降反增，行业集中度持续提升

我国信息安全细分领域众多且厂商集中度差，行业集中度提升是必然趋势。主要基于以下几方面考虑：① 由于信息安全单一子行业规模都相对较小且不同子行业间的技术壁垒较高，而信息安全又是一个360度全方位的防护建设工程，拥有完整软硬件解决方案及系统集成能力的厂商必将拥有更强的竞争优势，因此行业龙头厂商在布局综合安全产品阶段势必加大在不同子领域的兼并收购。② 随着云计算、大数据等新兴领域的快速发展，具有深厚攻防等核心技术积累及完整解

决方案的龙头公司在处理云安全等相关问题方面将拥有更为成熟可信的综合实力，市场份额将自然地向龙头集中。

资本市场热情不减反增，助力信息安全领域的投资并购数目不断增多。虽然从 2016 年开始，整体资本市场环境逐渐趋冷，但对于信息安全领域的热度却不降反增。数据显示，2016 年第三季度风险投资网络安全交易共 19 宗，是自 2014 年第二季度以来投资交易数量最多的一个季度，而且过去 6 个季度网络安全领域风险投资交易数量都在 12 宗以上。资本热情的提升显示市场热度显著升温，资本的持续投入将助力产业整合加速发展。

1.4.1.3 工控信息安全等保障制度出台在即，行业临近爆发点

国内工业领域加速进入智能制造新时代，工控设备联网成为必然趋势。2016 年开始，各国相继将战略核心聚焦智能制造领域：德国提出"工业 4.0"；英国提出"高值制造"；美国提出"先进制造"；我国也于 2015 年 5 月 8 日提出"中国制造 2025"战略，其内涵核心是把信息互联技术与传统工业制造相结合，形成生产智能化，提高资源利用率，以此来提升整个国家竞争力。由此可见，未来随着"中国制造 2025"战略的推进，工业领域设备联网实现智能化将成为必然的趋势。

随着工业联网的深入，包括电力、烟草、轨道交通、冶金、石油石化、钢铁、煤炭、燃气等多个行业的工控设备对于互联网、办公网、控制网、设备网等的连接变得更加紧密。其安全方面所面临的威胁也逐渐从传统的断网、宕机等非攻击事件转变为来自互联网领域病毒、漏洞、恶意代码等攻击导致的安全问题。且从工控领域被攻击所可能导致的后果来看，其潜在威胁极大。例如，2014 年出现的 Havex 漏洞，不仅可以禁用水电大坝、使核电站过载，甚至还有能力关闭一个国家的电网。因此，工控安全深刻地影响着工业控制网络产业的发展，是智能制造顺利推进的前提保障。

传统的信息安全主要针对管理网和办公网的安全防护，而针对工控系统的安全防护市场总体规模较小。我国工业信息安全行业发展具有三大特点，分别是核心技术自主可控度偏低、相关技术落后依赖国外以及产业生态体系不完整。为改变我国工业信息安全行业存在的这

些问题，国家不断出台相关政策调整产业结构，促进产业发展，鼓励工业信息化创新自主发展。

2016年10月13日，国家质检总局、国家标准委发布中华人民共和国国家标准公告（2016年第17号），其中包括了由全国工业过程测量控制和自动化标准化技术委员会（SAC/TC124）秘书处组织国内自动化领军企业、科研院所专家以及来自钢铁、化工、石油、石化、电力、核设施等领域的行业用户,结合DCS和PLC核心技术及工程实践，自主制定的6项有关工业控制系统信息安全的国家标准。此后，国内各行各业对工控系统安全建设的认识逐步提升，包括电力、烟草、石化、制造等多个行业陆续制定了相应的指导性文件，指导落实相应行业的工控安全检查及整改活动。近年来，有关工控安全的国家标准和政策法规参见表1.1和表1.2。

表1.1 近年来有关工控安全的国家标准

序号	标准号	标准名称
1	GB/T 33007-2016	《工业通信网络 网络和系统安全 建立工业自动化和控制系统安全程序》
2	GB/T 33008.1-2016	《工业自动化和控制系统网络安全 可编程序控制器（PLC）第1部分：系统要求》
3	GB/T 33009.1-2016	《工业自动化和控制系统网络安全 集散控制系统（DCS）第1部分：防护要求》
4	GB/T 33009.2-2016	《工业自动化和控制系统网络安全 集散控制系统（DCS）第2部分：管理要求》
5	GB/T 33009.3-2016	《工业自动化和控制系统网络安全 集散控制系统（DCS）第3部分：评估指南》
6	GB/T 33009.4-2016	《工业自动化和控制系统网络安全 集散控制系统（DCS）第4部分：风险与脆弱性检测要求》
7	GB/T 36323-2018	《信息安全技术 工业控制系统信息安全管理基本要求》
8	GB/T 36324-2018	《信息安全技术 工业控制系统信息安全分级规范》
9	GB/T 37980-2019	《信息安全技术 工业控制系统安全检查指南》

表 1.2　近年来有关工控安全的政策法规

序号	发文机关	发文字号	政策标题
1	国务院	国发〔2016〕28号	《国务院关于深化制造业与互联网融合发展的指导意见》
2	工业和信息化部	工信部信软〔2016〕338号	《工业控制系统信息安全防护指南》
3	工业和信息化部	—	《信息安全技术工业控制系统信息安全检查指南》

1.4.2　国家级信息安全产业政策

1.4.2.1　《国家网络安全产业发展规划》正式发布

2019年6月30日，在中国软件产业发展情况新闻发布会上，《国家网络安全产业发展规划》正式发布，工业和信息化部与北京市人民政府决定建设国家网络安全产业园区。这是继"等保2.0"之后又一网络安全领域国家顶层规划政策，信息安全的国家战略地位进一步得到肯定。信息安全下游客户以政府、金融和电信等行业为主，整体发展受政策影响较大，预计该规划对未来信息安全产业的发展有巨大的指导意义。

根据规划，到2020年，依托产业园带动北京市网络安全产业规模超过1000亿元，拉动GDP增长超过3300亿元，打造不少于3家年收入超过100亿元的骨干企业。到2025年，依托产业园建成我国网络安全产业"五个基地"：一是国家安全战略支撑基地；二是国际领先的网络安全研发基地；三是网络安全高端产业集聚示范基地；四是网络安全领军人才培育基地；五是网络安全产业制度创新基地。该产业园是继国家网络安全产业园区（长沙）之后又一国家级网络安全产业园，位于政府部门和央企集中的北京，战略地位更加突出；相比于现有的网络安全市场体量，该产业园规划的产业规模巨大，预计相关部门对网络安全领域的支持力度和投入将进一步加大。

1.4.2.2　"促进网络安全产业发展的指导意见"拟加快出台

2019年8月19日—20日，第七届互联网安全大会（ISC）在北京雁栖湖国际会议中心举行。来自中国、美国、以色列、俄罗斯等国家的专家学者，以"应对网络战、共筑大生态、同筑大安全"为主题，共同探讨大安全时代网络安全生态建设的发展之路。

2019年8月21日，2019北京网络安全大会（BCS）在北京国家会议中心召开。工业和信息化部副部长陈肇雄为大会致辞，宣布我国将进一步优化产业政策环境，加快出台促进网络安全产业发展的指导意见，推进国家网络安全产业园区建设，完善5G、工业互联网、车联网等领域的网络安全产品和服务将成为下一步部署重点。

陈肇雄强调，面对网络安全新形势、新挑战，要坚持总体国家安全观，树立正确的网络安全观，加快推进我国网络安全产业高质量发展，有效支撑网络空间安全保障，服务制造强国和网络强国建设。一是坚持创新引领。加强基础性、通用性、前瞻性技术创新，积极利用人工智能、大数据等技术赋能网络安全。充分发挥企业主体作用，激发创新活力，推广创新应用，构建多领域、多层次的网络安全技术创新体系。二是坚持需求导向。面向5G、工业互联网、车联网等融合领域安全需求，加快完善网络安全产品和服务支撑体系，建设网络安全防护体系，提升态势感知、监测预警、应急响应能力。三是坚持科学布局。优化产业政策环境，加快出台促进网络安全产业发展的指导意见，扎实推进国家网络安全产业园区建设，加强人才队伍建设，全力打造"政、产、学、研、用"一体化的产业生态。四是坚持合作共赢。发挥政府、国际组织、企业、科研院所等各方作用，加强与"一带一路"沿线国家在网络安全领域开展交流合作，共同应对网络安全威胁与挑战，共同维护网络空间安全秩序。

1.4.2.3 《中国工业信息安全产业发展白皮书（2018—2019）》重磅发布

2019年6月22日，由工业和信息化部指导、国家工业信息安全发展研究中心和工业信息安全产业发展联盟共同主办的2019年中国工业信息安全大会在北京国际会议中心召开。国家工业信息安全发展研究中心副主任、工业信息安全产业发展联盟秘书长何小龙出席大会并发布《中国工业信息安全产业发展白皮书（2018—2019）》。白皮书深入阐述了工业信息安全产业的内涵和范畴，围绕工业信息安全产业的几个关键要素，重点从产业规模结构、政策环境、技术发展、行业应用、人才培养及市场竞争格局等进行了梳理，深度剖析了现阶段我国工业信息安全产业发展面临的挑战，对产业发展趋势进行了科学预测。白皮书显示，2018年我国工业信息安全产业规模为70.32亿元，市场增长率达33.55%，工业信息安全产业规模加速扩容，预计2019年市场整体规模增长至93.91亿元。

1.4.3 重庆市信息安全产业现状

1.4.3.1 重庆掀起信息安全产业技术新革命，成立重庆信息安全产业技术创新联盟

2017年11月2日，重庆信息安全产业技术创新联盟正式成立。联盟是在重庆市经济和信息化委员会、重庆市科委的支持和指导下，由重庆信息安全产业研究院牵头发起的技术创新合作组织。

重庆信息安全产业技术创新联盟成立后落户重庆市合川区，在毗邻两江新区的草街新城规划建设22平方公里的信息安全产业园。联盟创建时共有39个市内外会员单位，汇集了信息安全产业各领域的众多骨干企业、科研院所、企事业单位和高等院校。

重庆信息安全产业技术创新联盟是一个融合"政、产、学、研、用、资"的资源整合共享平台，围绕信息安全产业，以市场为导向，以企业为主体，促进成员间资源共享和互惠互利，提升联盟成员的群体竞争力。联盟还将进一步加强创新联动，将更多高校、企业、研究所等聚集到一起，整合优势资源，加快突破核心技术，加强技术创新成果转化应用，努力培育同行业、同领域更多标杆性企业。同时，搭建更多合作平台，推动信息安全产业领域人才、信息、资源等方面互联互通，为重庆市实施创新驱动战略、信息安全产业持续健康发展作出更大的贡献。

1.4.3.2 重庆信息安全产业基地

2018年1月10日，重庆信息安全产业基地项目在重庆市合川区草街街道开工建设。项目规划面积1000余亩，生产基地建设规模10万

平方米，计划2019年竣工。

项目主要由北京赛普星通投资管理有限公司牵头出资组建的重庆恒芯天际科技有限公司为龙头，建设通信技术产业总部、研发基地、实验楼、交易展示区及生产基地等；并在新的安全形势下，推动移动互联网、云计算、物联网、大数据、工业软件等新一代信息技术领域信息安全技术和产品的研发和产业化。

1.4.4 重庆市级信息安全产业政策

1.4.4.1 将合川信息安全产业基地纳入《重庆市以大数据智能化为引领的创新驱动发展战略行动计划（2018—2020年）》

合川区地处成渝经济区核心地带，是重庆市新型工业化的主战场之一，拥有较好的区位优势和良好的电子信息制造业、汽摩制造业、现代服务业等产业基础优势。近年来，合川区以打造信息安全产业基地为目标，通过市区联合推进机制，以恒芯天际、中兴通讯等为代表的信息安全相关企业持续快速发展，信息安全产业基地加速建设，招商引资取得实效，产业供给要素加速聚集，为加快培育以信息安全为主的信息产业奠定了坚实的基础。

目前，在市区共同推进下，基地的规划、生产、建设、研发、产业招商、培训等板块，通过工作任务清单的方式有序推进：一是《重庆市合川区信息安全产业发展规划》于2018年2月通过专家评审，为合川信息安全产业发展提供了"长远规划"和"发展蓝图"；二是基地龙头企业——重庆恒芯天际科技有限公司生产经营正常，2017年实现产值50亿元；三是生产基地于2018年1月举行开工仪式，各项前期工作有序开展，计划2019年底建成投产，项目纳入2018年重庆市百项重点关注项目；四是信息安全产业研究院、合川区信息安全产业专家委员会和重庆信息安全产业技术创新联盟已组建完毕，积极汇聚行业创新资源；五是产业招商工作取得实效，上海星地通通信科技有限公司、上海赢联信息技术有限公司等10多个项目落地，德国MiNaCon公司、工信部软促中心智能制造紧缺人才培养工程等培训项目积极推进。

在总体上，合川的信息安全产业仍处于起步阶段，存在产业基础相对薄弱、配套体系建设不够完善、产业高端人才支撑不足等问题，为加快推进合川信息安全产业发展，重庆市还将着力做好以下工作：

一是将合川信息安全产业基地列入《工业和信息化部与重庆市人民政府合作框架协议》，力争部市共建。积极对接工信部软促中心、工信部电子一所（国家工业信息安全发展研究中心）等机构，引进人才、平台、项目等资源，形成良好产业发展氛围。

二是将合川信息安全产业基地纳入《重庆市以大数据智能化为引领的创新驱动发展战略行动计划（2018—2020年）》，利用市区联合推进机制加速推进，重点在招商引资、项目布局、创新资源聚集等方面取得进展。

三是积极借鉴成都、上海、杭州等信息安全产业发达地区成功经验，会同合川区制定针对信息安全产业的人才、土地、税收等优惠政策，积极扶持龙头企业发展和产业集聚，构建产业生态，打造产业高地。

四是在重庆市工业和信息化专项资金项目安排上进行倾斜，促进恒芯天际等龙头企业快速成长，带动合川信息安全产业基地产业发展。

1.4.4.2 加快发展工业互联网平台

工业互联网是新一代信息通信技术与制造业深度融合的关键基础设施、新型应用模式和全新工业生态，是互联网从消费领域向生产领域、从虚拟经济向实体经济拓展的核心载体。抢抓数字革命重要窗口期，加快发展工业互联网平台企业，加速产业集聚融合，对于推动大数据智能化为引领的科技创新，推进数字产业化、产业数字化，促进制造业高质量发展，建设现代化经济体系具有重要意义。

重庆市就加快发展工业互联网平台企业赋能制造业转型升级提出了具体的指导意见（全文参见附录四）。意见提出：到2022年，初步构建起工业互联网平台赋能制造业的发展格局，形成工业互联网平台生态和支撑体系；推动工业互联网平台和标识解析协同发展，力争形成工业互联网标识解析体系区域核心，争创国家级工业大数据制造业创新中心；引进一批第三方服务平台，培育3~5家具有国内竞争力的平台；发展一批制造业开放服务平台，建设20个以上个性化定制、网络化协同、服务化转型的平台。

第二章

信息安全技术发展的大事件和新趋势

信息时代已然到来,人们的生活方式越来越趋于信息化,利用信息的范围也越来越广,对信息安全的关注程度也越来越高。信息安全的内涵也在不断地延伸,从最初的信息保密性发展到信息的完整性、可用性、可控性和不可否认性,进而又发展为包含信息的"攻、防、测、控、管、评"多方面的基础理论和实施技术。

2.1 近年来国内国际信息安全的重大事件

随着互联网、人工智能、云计算等技术的迅速发展,信息处理变得更加高效,人们的生活也变得更加便利。无纸化办公、云存储、电子支付逐渐成为大众生活和工作的常态。但是就像硬币有两面一样,网络是把双刃剑,它在为人们的生活带来诸多便利的同时,也带来了不容小觑的信息安全隐患。这些隐患不仅涉及普通用户的隐私安全,更关乎到企业、政府机构乃至国家战略层面的信息安全。

纵观近年来国内国际的网络安全事件,网络犯罪分子的攻击手段变幻莫测,除了利用各种安全漏洞进行攻击外,勒索软件、恶意挖矿大行其道,区块链领域险象环生,暗网数据泄露更是层出不穷。与此同时,不法分子的攻击渠道日益变幻,各种移动终端、IoT设备、工业网成为其攻击重点,这些都为整个网络空间安全带来巨大的挑战。

2.1.1 数据泄漏事件频繁发生

在数据经济时代,数据的价值越来越高。在企业利用数据创造价值的同时,也有那么一群人在伺机而动,想要窃取企业数据和个人信息以谋取私利。正因为如此，近年来数据泄露事件频繁发生，公共事业、快递、酒店、社交等各大行业均无法避免，归根究底，其主导因素无外乎涉及以下几个关键词：企业内鬼、数据内部权限、数据盗卖、越权访问、外包服务数据权限、个人隐私泄露。

（1）58同城：全国简历数据泄露

2017年3月底，58同城被曝简历数据泄露，700元即可轻松获取全国430多个城市、464个职业所有求职者的简历信息。由于58同城招聘网对求职者简历信息未设置有效的安全保护措施，且该平台存在许多安全漏洞，黑客通过采集工具就能轻易获取后台数据。

（2）Facebook：8700万用户数据泄露

2018年3月17日，美国纽约时报率先曝光了"剑桥分析（Cambridge Analytica）"未经用户许可，擅自使用Facebook用户个人信息的行为。此事一出立刻引起轩然大波，随后英国高等法院授权对涉事机构进行了搜查，并揭开了针对该事件的司法调查的序幕。针对没有用户的许可就私自使用个人信息数据一事，Facebook公开回应，承认"剑桥分析"不正当使用了8700万未经授权的用户私人信息，这也遭到了国外网友的痛斥。这场风波还没有过去，同年9月Facebook再次通报，黑客利用控制的40万个账户获得了3000万Facebook用户的账号信息，使他们可以在不输入密码的情况下，轻易登陆这些用户的个人主页，拿走任意想要的数据。

从2018年3月爆发隐私泄露危机至今，Facebook已遭到世界各地许多用户的强烈抗议，公司股价急剧下跌，Facebook的发展前景蒙上阴影。

（3）MyHeritage：9200万用户信息泄露

MyHeritage是一个家谱和DNA检测服务公司，其用户信息中不但存储有私人信息，甚至包括用户私人的DNA测试结果。2018年6月，MyHeritage的网站服务器被攻击，攻击者从中截取了超过9200万个用户信息，其中包含了邮箱地址和哈希密码。

（4）AcFun：900万条用户数据泄露

AcFun是国内著名的弹幕式视频网站，也被称作"A站"。2018年6月，AcFun宣布有近千万条用户数据被黑客窃取。黑客攻击A站后窃取的用户信息很快就放在暗网售卖，售价40万人民币，如果购买者质疑信息真实性，还可以随机抽样测试。

（5）圆通：10亿条用户数据被兜售

2018年6月，某用户公然在暗网兜售圆通10亿条快递数据，数据包括寄（收）件人姓名、电话、地址等信息。随后，有网友验证了其中一部分数据，发现所购"单号"中，姓名、电话、住址等信息均属实。按照当时售价来说，只要花431.98元人民币即可购买到100万条圆通快递的用户信息。

（6）华住集团：5亿条信息泄露

2018年8月，网传华住集团旗下汉庭、美爵等酒店共5亿条信息数据泄露，并被打包在暗网出售。经排查，泄露的数据包含2.4亿条（共66.2G）酒店入住记录、约1.3亿条入住登记身份信息（共22.3G）和约1.23亿条官网注册资料（共53G）。这些数据包括用户的姓名、银行卡号、手机号、邮箱、开房人、家庭住址等核心信息。

2.1.2 勒索病毒席卷全球

2017年5月，新型"蠕虫式"勒索病毒WannaCry借助"永恒之蓝"漏洞席卷全球。一时间，全球150多个国家近20万台计算机被WannaCry感染，造成超过80亿美元的损失。受害者包括中国、英国、俄罗斯、德国和西班牙等国的医院、大学、制造商和政府机构，电力、能源、银行、交通等多个行业均遭受不同程度的影响。英国数十家医院被攻击，中国教育网内多所大学纷纷中招，不少毕业生的毕业设计文件被锁，国内很多的企业内网甚至是专网也未能幸免。

被WannaCry感染的电脑将被锁定，包括图片、文档、压缩包、音频、视频、可执行程序在内的几乎所有类型的文件被加密，被加密后的文件后缀名统一被改为".WNCRY"，并在桌面弹出勒索对话框要求受害者支付价值数百美元的比特币才能解密。勒索软件运用了高强度的加密算法，暴力破解又需要极高的运算量，基本不可能成功解密，受害者只能乖乖付钱消灾。攻击者甚至叫嚣，如果在规定时间不付钱，勒索金额翻倍，直至毁掉文件。

时至当下，WannaCry 早已不复存在，但"永恒之蓝"却还在不断发挥着它的威力，各式各样的勒索软件、蠕虫病毒、挖矿木马都在借助它传播。在 2018 年国家网络安全宣传周期间，"腾讯智慧安全"正式发布《医疗行业勒索病毒专题报告》。报告指出，在全国三甲医院中，有 247 家医院检出了勒索病毒，以广东、湖北、江苏等地区检出勒索病毒最多。2019 年，俄罗斯 50 多家大型企业遭到未知攻击者勒索。攻击者使用物联网设备（尤其是路由器），伪装成欧尚、马格尼特、斯拉夫尼奥夫等 50 多家知名公司发送钓鱼电子邮件，对公司人员进行勒索攻击。追踪被黑的网络设备要比服务器困难得多，且使用物联网设备的攻击更简单，对入侵者来说风险更低。专家表示，任何能够发送电子邮件的设备（如调制解调器、路由器、网络存储、智能家居生态系统和其他小工具），都可以被用于网络钓鱼攻击。

2.1.3 各种高危漏洞频发

（1）Cisco 路由器被攻击

2018 年 1 月，Cisco 官方发布了一个有关 ASA 防火墙 webvpn 远程代码执行漏洞的公告。2018 年 3 月，Cisco 官方发布了 Smart Install 远程命令执行漏洞的安全公告。这两个漏洞都是未授权的远程命令执行漏洞，攻击者无需登录验证即可成功实施攻击。2018 年 4 月 6 日，一个名为"JHT"的黑客组织借此攻击了包括俄罗斯、伊朗在内的多个国家的网络基础设施，遭受攻击的 Cisco 设备的配置文件会显示为美国国旗，所以该事件又被称为"美国国旗"事件。

（2）EOS 平台远程命令执行漏洞

2018 年 5 月，360 公司伏尔甘（Vulcan）团队发现了区块链平台 EOS 的一系列高危漏洞，其中部分漏洞可以在 EOS 节点上远程执行任意代码。这也就意味着攻击者可以利用这个漏洞直接控制和接管 EOS 上运行的所有节点。从漏洞危害方面来说，称该漏洞为"史诗级"名副其实。

（3）TLS 1.2 协议现漏洞，近 3000 网站受影响

2019 年 2 月，Citrix 发现 SSL 3.0 协议的后续版本 TLS 1.2 协议存

在漏洞，该漏洞允许攻击者滥用 Citrix 的交付控制器（ADC）网络设备来解密 TLS 流量。Tripwire 漏洞挖掘研究小组的计算机安全研究员克雷格·杨（Craig Yang）称："TLS 1.2 存在漏洞的原因主要是由于其继续支持一种过时已久的加密方法：密码块链接（Cipher Block-Chaining，CBC），该漏洞允许类似 SSL POODLE 的攻击行为。此外，该漏洞允许中间人攻击（简称：MITM 攻击）用户的加密 Web 和 VPN 会话。"

（4）多款 IOS 应用被发现与安全恶意软件有染

2017 年底，Appthority 发现 Google Play 应用商店的多个应用程序中存在 Golduck 恶意软件。Golduck 会感染 Google Play 中的经典游戏，在游戏中嵌入后门代码，使恶意代码秘密感染设备。它使黑客能以最高权限运行恶意命令（如在用户的手机上发送付费短信以牟利）。

Appthority 发现与 Golduck 通信的 ISO 应用也存在风险。目前已经发现超过 10 款 ISO 应用秘密向与 Golduck 有关的服务器传输数据。

（5）英特尔处理器再现高危漏洞，得到官方证实可泄漏私密数据

美国伍斯特理工学院研究人员在英特尔处理器中发现另外一个被称作 Spoiler 的高危漏洞，与之前发现的 Spectre 相似，同样会泄露用户的私密数据。虽然 Spoiler 也依赖于预测执行技术，但现有封杀 Spectre 漏洞的解决方案对它却无能为力。无论是对英特尔还是其客户来说，Spoiler 的存在都不是个好消息。研究中指出，"Spoiler 不是 Spectre 攻击。Spoiler 的根本原因是英特尔内存子系统实现中地址预测技术的一处缺陷。现有的 Spectre 补丁对 Spoiler 无效。"

2.1.4 网络钓鱼

网络钓鱼，即试图欺骗用户访问钓鱼网站，以此获取他们的数据信息或是让他们的系统感染上某种恶意软件。为了成功诱骗受害者，攻击者通常会利用电子邮件中的链接或附件、社交媒体消息中的链接或是流行的即时消息中的文本等。

在 2019 年，攻击者继续将电子邮件作为主要攻击途径，应用更高端的网络钓鱼技术绕过传统电子邮件安全防御措施。因此，高级网络

钓鱼威胁（如 BEC、鱼叉式网络钓鱼、勒索软件和品牌假冒攻击等），在 2019 年继续增长。

随着信息化的深入和信息系统的普及，网络环境下的信息安全问题日益突出，不仅关系到企业的数据安全和业务安全，甚至关系到社会稳定和国家安全。当前，信息通信技术和网络快速发展并加速向传统行业融合，导致安全威胁更加复杂隐蔽，伴生性安全威胁和传统安全威胁交织更加复杂，网络安全预警、应急处置和追踪溯源难度持续加大，互联网与工业领域的融合创新带来的安全问题日益严峻，网络安全管理理念和架构亟待创新完善。

2.2 信息安全行业政策趋势

2.2.1 国外信息安全立法现状

在国家信息安全面临威胁时，多数国家采用制定新的信息安全战略、立法等多种措施综合保障国家网络和信息安全。从广义上来看，各国互联网信息安全管理法律制度主要集中在出台网络空间安全战略，建立和明确信息安全管理主体及其职责，保护网络基础设施，管理垃圾邮件、不良信息等网络信息内容，保护个人隐私和数据，预防网络犯罪，完善网络紧急处置和应急响应制度等方面。

如今，互联网已全面渗透到经济发展进程之中，为了应对网络安全威胁，提升综合国力，促进国家安全和发展，美国、英国、法国、德国、俄罗斯、日本、印度等国纷纷制定了国家信息安全战略、出台了相关信息安全管理法律法规，全方位提升国家网络安全战略，以维护在网络空间中的优势地位。截至 2014 年，全球已有 40 多个国家颁布了国家网络空间安全战略，仅美国就颁布了 40 多份与网络信息安全有关的文件。美国还在白宫设立了"网络办公室"，并任命首席网络官，直接对总统负责。2014 年 2 月，总统奥巴马又宣布启动美国《网络安全框架》。同年 2 月 19 日，德国总理默克尔与法国总统奥朗德探讨建立欧洲独立互联网，拟从战略层面绕开美国以强化数据安全。欧盟三大领导机构明确，计划在 2014 年底通过欧洲数据保护改革方案。作为中国的邻国，日本和印度也一直在积极行动。2013年6月，日本出台《网络安全战略》，明确提出"网络安全立国"。2013年5月，印度出台《国家网络安全策略》，目标是构建"安全可信的计算机环境"。因此，接轨国际，建设坚固可靠的国家网络安全体系，是中国必须作出的战略选择。

2.2.1.1 美国

美国作为世界信息产业的发源地，其信息化水平一直处于世界领先地位。而到了20世纪80年代中期，由于日韩和西欧等国的发展和追赶，美国在世界信息产业的领先地位受到了极大的冲击和挑战，再加上美国国内网络发展也出现了许多问题，内忧外患之下，美国政府加快了信息化建设的步伐，陆续出台一整套配合互联网发展的规章政策，以保护和促进其信息产业的发展优势。网络的高度普及使得美国一直十分重视网络信息安全，不管是网络管理还是信息技术上，美国都是世界上最具经验的国家之一，其网络信息安全的法制建设也比较完善。1966年，美国第一次（也是全世界第一次）出现了关于入侵银行计算机系统的案件。为了规范网络行为，保证计算机系统的安全，美国先后出台了一系列法律法规，这是美国可以追溯到的最早的关于网络信息安全的法制建设。1977年，美国联邦政府出台了《联邦计算机系统保护法案》，这部法案第一次将计算机系统纳入到法律保护的范畴，人们开始注意到法律也可以保护计算机系统引发的社会关系。1978年，美国佛罗里达州也紧跟着颁布了《佛罗里达州计算机犯罪法》，规定了针对几类侵害网络信息安全的行为的定罪量刑标准，包括网络社会中的侵犯计算机用户、侵犯知识产权、侵犯计算机装置及设备等行为。这部地方法令是世界上首个专门针对计算机犯罪的法律。

到20世纪80年代末，美国为保持和扩大其信息产业在世界范围内的整体优势，实现对未来世界信息传播的主导，更加重视网络信息安全问题。1981年，美国成立全美计算机安全中心，其职能是评价商用计算机的适用范围和安全程度。1984年，美国国会在修改《佛罗里达州计算机犯罪法》的基础上，出台了《伪造网络信息存取手段及计算机欺诈与滥用法》。另外，全美反计算机犯罪委员会三次提出了关于制定联邦计算机犯罪法的议案，美国国会同年还通过了《联邦禁止利用电子计算机犯罪法》。1986年，美国政府在《伪造网络信息存取手段及计算机欺诈与滥用法》的基础上，制定了《计算机诈骗和滥用法》，该法案针对入侵网络信息系统的行为，明确了两类犯罪行为，即未经授权的带有盗窃、欺诈意图对"与联邦政府有关的计算机"进行访问以及"故意破坏"政府机构、金融机构、医疗机构及其相关的网络信息系统。同年，美国还颁布了《电子通信隐私法》，该法虽然具有极强的前瞻性，但是由于当时的电子邮件技术才处于刚刚兴起的阶段，触犯隐私的案件也并没有达到严重的地步，因此该法在当时没有激起很大的反响，但是对于后世的法制建设极具意义。1987年，为了"改善联邦政府计算机系统内敏感信息的安全与保密"，美国联邦政府颁布了《计算机安全法》，通过法律的形式授权国家标准与技术局为美国联邦政府计算机系统制定网络信息安全的政策和标准。另外，该法在《佛罗里达州计算机犯罪法》的基础上添加了盗窃网络服务、通过欺骗获得国外网络信息安全立法现状概况的电报或者电话的服务、计算机的错误访问、计算机滥用和非授权的计算机使用等违法行为。该法之后被作为美国各州制定地方计算机安全法规的依据，是美国关于网络信息安全的根本大法，真正打开了网络信息安全法制建设的大门。进入20世纪90年代后，有关网络信息安全的法律法规如雨后春笋般涌现出来。

20世纪90年代末，随着网络与生活的联系日益密切，网络公共信息的安全得到人民的广泛重视。1997年6月，美国颁布了《公共网络安全法》，重在保护应用于商务、通信、教育和公共服务等领域的公共网络的信息安全。该法结合宪法、民商法、行政法的有关规定，规定了网络主体在网络社会享有的隐私权、知识产权及网络主体自身的合法权利，同时规定了网络侵权的惩罚标准。同年美国还颁布了《联邦互联网隐私保护暂行条例》，该法保护政府持有的与公民的教育、经济、医疗和就业历史有关的个人信息（包含姓名、身份证号码、性别、家庭住址、通讯方式等），政府不能非法使用或泄露公民因公登记在网络中的信息。1998年，克林顿政府发布了总统令《对关键基础设施保护的政策》，强调"保护政府自身的关键资产免受网络攻击"，要求各联邦政府启动反网络威胁的保护措施。

"9·11事件"后,美国政府更加重视网络信息安全,迅速制定了一系列网络信息安全的政策法规。2001—2002年,美国先后颁布了《爱国者法案》《网络信息安全研究与发展法》《网络信息安全加强法》《联邦信息安全管理法案》《联邦信息安全管理法案》等,以强化对网络安全的监管与控制。随着网络技术的迅猛发展和网络应用的广泛深入,美国为了积极推动电子商务和电子政务的发展,先后颁布了一系列法律法规以逐步完善其法律体系。2000年,美国国会通过了《全球和全国商务电子签名法案》,赋予数据电文、电子签名和电子认证的法律效力,与《统一电子交易法》《统一计算机信息交易法》一起,为跨州、跨国的商务场合使用电子签名提供了法律基础,有效保障了电子商务的交易安全。

　　美国的电子政务起源于20世纪90年代初,当时由于美国政府的财政赤字很大,国会和美国民众强烈要求政府削减预算,提高行政效率。在这种背景下,美国政府制定了《政府纸张消除法》,通过开设政府电子网站的方式,打开了电子政务之门。2002年,美国正式发布了《电子政务法》,进一步保障和规范政府信息化的发展。《电子政务法》详细规定了联邦政府在电子政务中对网络政务信息的管理和规划(包括危机管理、查询索引和电子档案等都做了详细规定),以保障电子政务中的网络信息安全。除此之外,美国针对特别主体或特别领域颁布的网络信息安全的法律法规还有《联邦信息安全管理法案》《数字千年版权法》《儿童在线隐私权保护法》《电信法》《电子商务法》《伪造访问设备法》《电讯法》等。

2.2.1.2　俄罗斯

　　相比美国而言,俄罗斯的信息安全产业发展相对迟缓,他们网络信息安全法制的建设始于20世纪90年代。在俄罗斯完成了政治、经济变革后,国内逐步形成了政治稳定、经济复苏的良好态势,俄罗斯进入信息化社会的步伐逐渐加快,而网络信息安全的问题也随之出现。在这样的背景下,俄罗斯为了寻求网络社会的安全稳定和良性发展,根据本国国情制定了一系列维护网络信息安全的法律、法规和政策。到21世纪初,俄罗斯也建立了比较完善的网络信息安全法制体系。

1995年，网络信息安全首次通过《俄罗斯宪法》的规定被纳入了法律的保护范畴。同年2月，俄罗斯联邦颁布了《联邦信息、信息化和信息网络保护法》，该法强调了国家在建立信息资源和信息网络化进程中的责任是"为完成俄罗斯联邦社会和经济发展的战略任务，提供高质量、高效益的保障创造条件"。该法还建议在以后新的刑法典中增加一条关于电脑犯罪的罪名。根据这条建议，1996年俄罗斯制定的《俄罗斯联邦法典》中，专门设置了"计算机信息领域的犯罪"一章，用刑法典的形式规定了网络信息犯罪的定罪量刑标准。《联邦信息、信息化和信息网络保护法》作为俄罗斯网络信息安全领域的基本法，确立了该领域的基本规范，成为后来俄罗斯网络信息安全相关法律的立法基础。

1997年，俄罗斯总统普京签署发布了《俄罗斯国家安全构想》，强调了网络信息安全的重要性。1999年，为了促进国内互联网的健康发展，保障联邦国家的利益，俄罗斯联邦政府颁布了《俄罗斯网络立法构想》草案。该纲领性文件指出，在网络信息安全保护中，政府应加强个人信息的保护，更提出加强网络信息安全立法的必要性。

2000年，俄罗斯联邦安全会议颁布了《国家信息安全学说》，提出了网络信息安全工作的四个方面，即保证网络信息安全的必要性、基本原则、方法和组织基础。该学说阐明了俄罗斯目前维护网络信息安全的利益所在和开展网络信息安全工作所面临的内外威胁和要采取的工作措施，标志着俄罗斯网络信息安全立法工作的起步。同年8月，俄罗斯联邦出台了《互联网发展和利用国家政策法》，用于调整与网络供应商的各种关系。该法规定，国家权力机构应当保障公民在网络社会中所享有的宪法规定的权利和义务，法律保护公民通过网络进行的网络信息的交换行为，禁止网络供应商向网络参与者提供、传播法律禁止或限制的信息，等等。

2001年，俄罗斯颁布了《电子数字签名法》，明确了电子数字签名的合法性、认证中心及应用情形，规定了密钥的管理模式和持有密钥者的法定义务。该法确定了电子数字签名的法律性质和法律地位。2009年，俄罗斯对《保护青少年免受对其健康和发展有害信息干扰法》进行了修正，规定育有未成年子女的家庭在使用互联网时应定期对网络信息采取技术过滤措施，以防止网络中淫秽、色情等有害信息对未成年人成长构成的不利影响。

除此之外，俄罗斯政府还起草、修订了《电子商务法》《电子合同法》《国际信息交易法》《信息保护设备认证法》《电子公文法》等，这些法律法规和纲领性文件构成了俄罗斯较为完善的网络信息安全法律体系，为其网络信息安全和互联网的建设和发展提供了法律保障。

2.2.1.3 德国

德国作为欧洲最发达的国家之一，其信息网络的发展水平也一直处于世界前列。德国很早就通过立法的方式来保障互联网的信息安全，将法治普及到网络社会中，实现网络社会的和谐稳定。德国作为欧盟的成员国之一，其法律体系也有其特殊性，除了本国法律外，欧盟法律也同样普遍适用，形成国内法律和欧盟法律的双轨体系。下面同时介绍这两种法律制度，形成对德国网络信息安全法的全面了解。

1996年，欧洲议会与欧盟理事会颁布了《有关数据库法律保护的指令》，强调了版权法对数据的保护，保障了欧盟各国通过网络访问数据库的合法权益。同年3月，为了进一步加强欧盟成员国之间维护网络信息安全的司法合作，欧洲理事会发布了《信息安全框架决议》，开启了包括德国在内的欧盟各国关于网络信息安全立法工作的新篇章。在该决议的基础上，欧盟成立了网络信息安全委员会，为欧盟理事会在制定网络信息安全战略的过程中提供咨询。

1996年，德国政府发布了《信息2000报告》，确定了"德国迈进信息化社会的道路"，并计划由教育部、研究部、技术部和科学部牵头，制定适用于全国的信息通信服务规范。这个纲领性文件为德国网络信息安全的法制建设打响了第一炮。

1997年，在《信息2000报告》的引领下，德国联邦会议通过了世界上首部专门用于规范网络信息行为的综合性法律——《信息和通信服务规范》（也称为《多媒体法》）。这部法典由《通信服务之个人数据保护法》《通信服务法》《数字签名法》三部新法，和《刑法》《著作权法》《行政法》等六个现有法律中适用于信息网络的附属条款所组成，其内容极为广泛，涵盖个人信息保护、电子签名、信息犯罪和未成年人保护等。《多媒体法》成为德国网络信息安全的基本法、统一法，和日后德国陆续颁布的有关信息安全的专门法一起，形成了德国在网络信息安全立法上统一法和单一法结合的立法模式。同年德国又通过了《网络服务提供者责任法》，以确定网络信息提供者的法律责任，明确其提供的网络信息必须符合法律的要求，提供商业信息时必须附加相关的法律提示等。

1999年，欧盟颁布了《关于计算机犯罪的协定》，规定了欧盟成员国就计算机跨国犯罪进行调查时所必须承担的义务。德国在2001年加入该协定。同年12月，欧盟颁布了《欧盟电子签名指令》，用于指导和协调欧盟成员国的电子签名立法（如用法律形式确定电子签名的定义和法律效力、确定电子签名认证服务在成员国国内及国际社会中的市场准入规则等）。根据该指令，德国随后在国内制定了《电子签名框架条件法》。

2001年11月，欧盟颁布了《网络刑事公约》，这是国际上首个开展国际合作打击网络信息安全犯罪的公约。公约的内容包括确定网络犯罪的种类和罪刑，规定加强打击网络犯罪的国际合作，明确法人机构进行网络犯罪的责任、参与国际合作的方式（如引渡条款）以及司法协助条款等。

2002年，德国政府颁布了《联邦数据保护法》。该法详细规定了网络信息数据主体的权利和使用数据的相关义务，联邦数据保护机构、公共机构和私人机构如何处理网络信息数据，研究机构和媒体如何使用网络中的个人数据，以及相关刑事、行政违法行为的定罪和处罚标准，等等。此外，德国还颁布了《电子签名框架条件法》《阻碍网页登录法》《电信服务数据保护法》等相关法律法规。

纵观以上各国网络空间安全战略的主要内容，主要包括以下共性：

（1）以发展为目的。各国制定网络安全战略的根本目的是提升综合国力，促进国家安全和发展。

（2）立法保障。各国通过完善立法为信息安全战略构建法律基础。

（3）建立管理机制。多数国家设立专门机构集中负责网络安全事务，同时建立官民结合的信息网络安全管理体系，依靠民间力量完善网络安全体系的建设，通过加强行业自律，保障信息网络的有序发展。

（4）技术推进。各国强调研发自主产权网络产品，提高网络基础设施的可靠性和安全性。

（5）产业扶持。通过政府扶持，企业配合，整体规划和政策引导，促进产业发展，推进信息安全战略建设发展。

（6）军事化特征明显。各国网络战略中的军事化因素越来越明显，战略重点有从防御转向进攻的趋势，强调开展网络战争。

（7）国际合作加强。各国普遍认为，网络安全必须由所有国家共同努力加以解决，需要加强国际合作，打击各种危害网络安全的行为，提高网络治理水平。

2.2.1.4 日本

2000年11月29日，日本自民党、公明党、保守党组成的执政联盟提出《高度情报通信网络社会形成基本法》（简称《IT基本法》），在日本国会参议院以多数票获得通过，并定于2001年1月正式实施，自此，日本网络信息安全时代正式拉开序幕，日本网络信息安全步入快速发展轨道。自《IT基本法》颁布至今，日本共出台了多部网络安全法律法规，对日本网络安全的发展起到了举足轻重的作用，日本的网络安全体系逐步形成。

纵观日本网络信息安全战略发展历程，日本政府对网络安全的认识逐步加深，对网络安全作用愈发重视。总体而言，根据信息安全战略的地位和作用，可以将日本网络安全战略发展划分为三个时期：一是附属战略时期，此时期信息安全战略依附于IT战略之下，是IT战略的组成部分；二是独立战略时期，此时期信息安全战略从IT战略中独立出来，逐步发展成为日本政府最为关键的国家战略之一；三是深化战略时期，此时期日本信息安全战略深化为网络安全战略，重点在于关键基础设施的网络安全保护。这三个时期历时十余年，一脉相承，逐步形成了当前日本网络信息安全战略的总格局。

2010年5月11日，日本内阁发布了《保卫国民信息安全战略2010—2013》（简称信息安全战略，现日本政府已将此作为国家网络空间战略），其目标是到2020年，营造让全体国民安心利用信息安全技术的环境，创建高质量、高可靠性、安心安全兼备的信息网络，使日本成为信息安全水平位于世界前列的"信息安全先进国"。

2.2.2 国内信息安全政策趋势

2.2.2.1 国内信息安全法律法规发布概况

从 1994 年 2 月 18 日国务院第 147 号令发布的《中华人民共和国计算机信息系统安全保护条例》，到 2015 年 7 月 6 日《国家网络安全法（草案）》正式发布，我国已经初步形成了从国家到地方、从法律到规章的比较全面的信息安全保护体系。

从表 2.1 可以看出，从 1988 年颁布的《中华人民共和国国家秘密法》，到 2015 年发布的《国家网络安全法（草案）》，国家信息安全一直都是国家安全最重视的领域之一。以时间为维度我国信息安全发展可分为三个阶段：

第一阶段：1993—1996 年。该阶段为我国信息安全初始立法阶段，以 1993 年 2 月 20 日国家颁布《中华人民共和国国家安全法》为标志。随后的 1994 年 2 月 18 日，我国又颁布了《中华人民共和国计算机信息系统安全保护条例》，开启了我国对网络信息安全立法的新征程。

第二阶段：1997—1999 年。1997 年 5 月 20 日，《中华人民共和国计算机信息网络国际联网管理暂行规定（1997 修正）》正式发布，标志着我国在信息安全立法中触及国际网络领域。同时，在该阶段我国《刑法》中开始增加与计算机信息安全相关的法律条款。例如，《刑法》第 285—287 条规定的非法侵入计算机信息系统罪、破坏计算机信息系统功能罪、破坏计算机数据和应用程序罪、制作传播破坏性计算机程序罪，以及利用计算机实施传统犯罪依据传统犯罪定罪处罚的内容，等等。

第三阶段：2000 年至今。该阶段是我国在国家信息安全领域的立法逐渐增多、进入到信息安全立法初步体系化的阶段。例如 2000 年 12 月 28 日发布的《关于维护互联网安全的决定》，在我国信息安全立法进程中具有里程碑的意义，也是我国目前在网络信息安全领域法律效力最高的法律文件。随后，中央部委、各地方政府也相继出台了相关法律法规和规章制度。

表 2.1 我国有关信息安全的法律法规汇总

发布部门	名称	发布时间
全国人大（相关法律）	《全国人民代表大会常务委员会关于加强网络信息保护的决定》	2012年12月28日
	《全国人民代表大会常务委员会关于维护互联网安全的决定》	2000年12月28日
	《计算机信息网络国际联网安全保护管理办法》	2011年01月08日
	《互联网信息服务管理办法》	2011年01月08日
	《互联网信息服务管理办法》（已被修正）	2000年09月25日
	《中华人民共和国电信条例》	2000年09月25日
中共中央、国务院	《计算机信息网络国际联网安全保护管理办法》（已被修正）	1997年12月16日
	《中华人民共和国计算机信息网络国际联网管理暂行规定（1997修正）》	1997年05月20日
	《中华人民共和国计算机信息系统安全保护条例》	1994年02月18日
	《中华人民共和国国家安全法》	1993年02月20日
	《中华人民共和国保守国家秘密法》	1988年09月05日
	《中华人民共和国标准化法》	1988年12月29日
中央司法部门	最高人民法院关于《贯彻实施国家知识产权战略若干问题的意见》	2009年03月30日
	最高人民法院印发《关于贯彻实施国家知识产权战略若干问题的意见》的通知	2009年03月23日
	最高人民法院关于印发《全国法院计算机信息网络建设管理暂行规定（试行）》的通知	1996年06月17日
	关于发布《计算机信息网络国际联网出入口信道管理办法》的通知	1996年04月09日
	于发布《中国公用计算机互联网国际联网管理办法》的通知	1996年04月09日
	《互联网电子公告服务管理规定》	2000年10月08日

续表

发布部门	名称	发布时间
中央各部委	《电信和互联网用户个人信息保护规定》	2013年07月16日
	《铁路计算机信息系统安全保护办法》	2003年07月15日
	关于印发《证券期货业信息安全保障管理暂行办法》的通知	2005年04月08日
	《互联网安全保护技术措施规定》	2005年12月13日
	《关于境内企业承接服务外包业务信息保护的若干规定》	2009年12月28日
	《商业银行信用卡业务监督管理办法》	2011年01月13日
	证券期货业信息安全保障管理办法	2012年09月24日
北京	《北京市公共服务网络与信息系统安全管理规定》	2005年11月11日
	《北京市公共安全图像信息系统管理办法》	2006年12月15日
天津	《天津市信息化促进条例》	2007年09月17日
	《天津市邮政业管理办法》	2011年01月17日
河北	《河北省信息化条例》	2012年09月26日
	《河北省邮政业安全监督管理规定》	2012年12月18日
山西	《山西省计算机信息系统安全保护条例》	2008年09月25日
	《山西省信息化促进条例》	2013年08月01日
内蒙古	《内蒙古自治区信用信息管理办法》	2006年07月12日
	《内蒙古自治区信息化促进办法》	2010年01月27日
	《内蒙古自治区计算机信息系统安全保护办法》	2011年12月06日
辽宁	《辽宁省计算机信息系统安全管理条例》	2013年09月27日
上海	《上海市促进电子商务发展规定》	2008年11月26日
	上海市实施《中华人民共和国邮政法》办法	2012年09月26日

2.2.2.2 近5年颁布的信息安全相关政策

近年来,随着国内网络安全事件频繁发生,我国对于信息安全防护建设的意识逐渐增强,政策支持力度不断加大。2016年初,网络安全正式被划入"十三五"规划重点建设方向,在政府未来 5 年的 100 项重大建设项目中排在第 6 位,政府重视程度达到前所未有的高度。随着顶层设计的明确,2016 年下半年开始,相关支持政策出台速度明显加快,包括《中华人民共和国网络安全法》《国家网络空间安全战略》《战略性新兴产业重点产品和服务指导目录》在内的多个重磅政策文件密集出台,加速推动信息安全产品需求释放。从政策趋势来看,未来政府对信息安全建设的支持力度有望继续提升。近 5 年来我国颁布的网络安全相关政策参见表 2.2。

表 2.2 近 5 年颁布的网络安全相关政策

颁布时间	发文单位	名称	重要内容
2017 年 2 月	国家发改委	《战略性新兴产业重点产品和服务指导目录》	《目录》是为了贯彻落实《"十三五"国家战略性新兴产业发展规划》,引导全社会资源投向,详细列举了网络安全产品和服务中所包含的关键类别
2016 年 12 月	国家互联网信息办公室	《国家网络空间安全战略》	明确指出网络空间是国家主权的新疆域,要建设与我国国际地位相称、与网络强国和适应的网络空间防护力量;强调加强党政军领域的信息安全防护投入,同时未来对关键信息基础设施施行"先评估后使用"的方式
2016 年 12 月	国务院	《"十三五"国家战略性新兴产业发展规划》	① 要加强数据安全、隐私保护等关键技术攻关,形成安全可靠的大数据技术体系;② 建立完善网络安全审查制度;③ 采用安全可信的产品和服务,提升基础设施关键设备的安全可靠水平;④ 建立关键信息基础设施保护制度,研究重要信息系统和基础设施网络安全整体解决方案
2016 年 11 月	全国人大常委会	《网络安全法》	该法是我国开启"依法治国"新时代的里程碑,进一步界定关键信息基础设施范围;对攻击、破坏我国关键信息基础设施的组织和个人规定相应惩治措施;对造成重大信息安全事件的责任主体明确相应的责任和处罚办法

续表

颁布时间	发文单位	名称	重要内容
2016年11月	工信部	《工业控制系统信息安全防护指南》	对安全软件选择、系统配置和补丁管理、边界安全防护、物理和环境安全防护、系统身份认证、远程访问安全、安全监测、数据安全等作详细要求
2016年6月	工信部	网络安全试点示范工作	工信部2016年重点工作安排，决定组织开展电信和互联网安全试点示范工作
2016年3月	国家发改委	《"十三五"规划纲要（2016—2020年）》	第二十八章为"强化信息安全保障"，内容指出要加强关键信息基础设施的核心技术装备的威胁感知和持续防御能力建设，完善重要信息系统等级保护制度，健全重点行业、重点地区、重要信息系统模块融合的安全联动保障机制，积极发展信息安全产业
2015年11月	全国人大常委会	《中华人民共和国刑法修正案（九）》	规定了对网络提供者不履行法律、行政法规定的信息网络安全管理义务的处罚措施
2015年2月	国家机关政府采购中心		思科、苹果等知名国外技术品牌从政府采购名单中剔除
2014年10月	工信部	《加强电信和互联网行业网络安全工作的指导意见》	对网络基础设施和业务系统的安全防护、推进安全可控关键硬件应用、网络数据和用户个人信息保护等作出强调
2014年10月	中央军委	《关于进一步加强军队信息安全工作的意见》	加强信息安全工作是实现能打仗、打胜仗的核心要求和紧迫任务。必须把信息安全工作作为军事斗争准备的保底工程，采取超常、务实的举措解决突出矛盾和重难点问题，促进我国信息化建设的科学发展和安全发展
2014年9月	银监会	《关于应用安全可控信息技术加强银行业网络安全和信息化建设的指导意见》	从2015年起，各银行业金融机构对安全可控信息技术的应用应不低于15%的年度信息化预算，到2019年安全可控信息技术在银行总体达到75%左右的使用率
2014年2月	中央网络安全和信息化领导小组成立		

自 2016 年下半年起，信息安全防护建设政策支持力度逐步提升，在政策驱动下各领域安全防护投资力度不断加大，行业市场规模快速增长。随着政策扶持力度的提升，政府、军队、电信、银行等关键领域对于信息安全采购的力度明显加大，带动我国信息安全市场呈现快速发展的态势。根据赛迪咨询数据，2012 年我国信息安全产业规模仅为 157.26 亿元，2016 年这一市场规模已升至 341.72 亿元，5 年内年均复合增速达到 21.41%的较高水平，且每年的市场增速呈现不断上升的趋势。随着政策的快速推动，预计 2017 年、2018 年行业增速将分别达到 22.5%%和 23.0%，到 2018 年我国信息安全行业有望达到 514.88 亿元的市场规模，行业景气度将持续走高。

2.3 信息安全行业发展趋势

2.3.1 国际信息安全行业发展概况

当前，世界各国信息化快速发展，信息技术的应用促进了全球资源的优化配置和发展模式的创新，互联网对政治、经济、社会和文化的影响更加深刻，信息化已经渗透到国计民生的各个领域，网络和信息系统已经成为关键基础设施乃至整个经济社会的神经中枢，围绕信息的获取、利用和控制的国际竞争日趋激烈，保障信息安全成为各国重要议题。

从全球区域分布来看，以美国为主导的北美市场仍然占据全球信息安全最大的市场份额。在排名前十的网络安全公司中，美国公司占据了 7 个席位，展现出强大的国际竞争力。以中国、日本和印度为代表的亚太地区，受益于近期国家安全战略的发布和日益增长的信息安全需求，市场也呈现出高速发展的态势。2013—2017 年全球信息安全支出及增速如图 2.1 所示。

近年来，全球重大信息安全事件频发，2013 年曝光的"棱镜门"事件和"RSA 后门"事件、2017 年爆发的新型"蠕虫式"勒索软件 WannaCry 等更是引起社会各界对信息安全的广泛关注。网络攻击从最

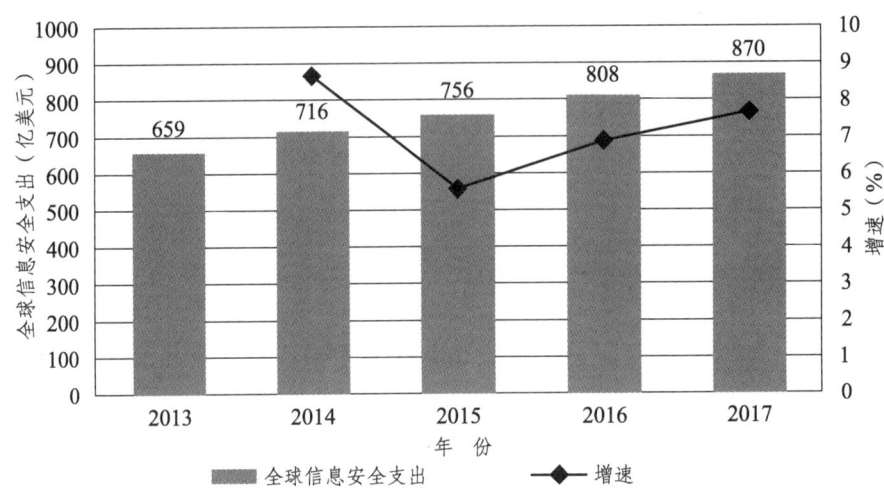

图 2.1　2013—2017 年全球信息安全支出及增速

初的自发式、分散式的攻击转向专业化的、有组织的行为，呈现出工具专业化、目的商业化、行为组织化的特点。随着获利成为网络攻击活动的核心，许多信息网络漏洞和攻击工具被不法分子和组织商品化，以此来牟取暴利，从而使信息安全威胁的范围加速扩散。个人信息等敏感信息泄露的信息安全事件，可能引发严重的网络诈骗、电信诈骗、账务勒索等犯罪案件，并最终造成严重的经济损失；而政府机构、工业控制系统、互联网服务器等遭受攻击破坏、发生重大安全事件，将导致能源、交通、通信、金融等领域基础设施瘫痪，造成灾难性后果，严重危害国家经济安全和公共利益。全球整体网络安全形势不容乐观，国际间网络空间竞争形势日益紧张。全球企业家对于信息安全预算投入的态度比例如图 2.2 所示。

面对日益严峻的网络空间安全形势，美国、德国、英国、法国等世界主要发达国家纷纷出台了国家网络安全战略，明确网络空间战略地位，并提出将采取包括外交、军事、经济等在内的各种手段保障国家网络空间安全。2011 年 4 月，美国发布了《网络空间可信身份国家战略》，首次将网络空间的身份管理上升到国家战略高度，并着手构建网络身份生态系统。这一战略的出台表明美国高度重视网络身份安全在保障网络空间安全中的重要战略地位。从各国的战略规划的内容来看,各国政府一方面希望通过顶层安全战略的制定来引导本国信息安全产业的发展,另一方面将对网络空间的保护逐渐上升到和传统疆域保卫同等的地位上来,并通过成立网络安全部队加速军队信息安全攻防体系的研发,积极应对未来有可能发生的网络战争。

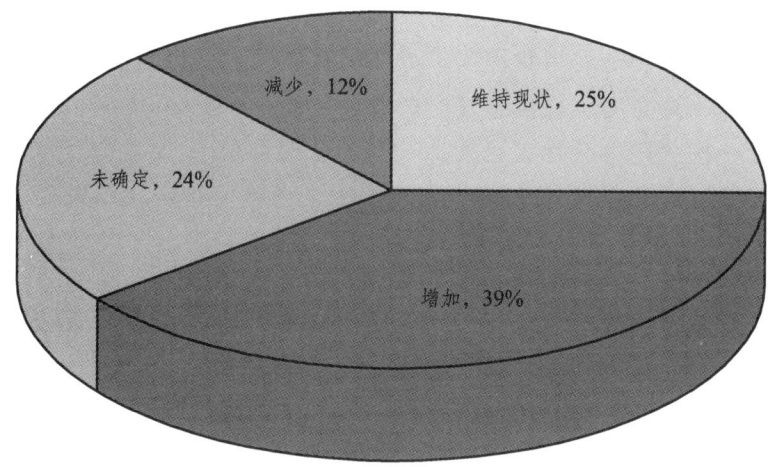

图 2.2　全球企业家对于信息安全预算投入的态度比例

严峻的网络安全形势驱动信息安全市场规模的快速增长。根据全球知名咨询公司 Gartner 的数据,2016 年全球信息安全产品和服务的开支达到 816 亿美元,相比 2015 年增长 7.9%。许多新兴的数字科技(尤其是云计算、移动计算和物联网等)驱动全球日益关注信息安全,而错综复杂、影响重大、具有高级针对性的网络攻击同样起到了推动作用。

2.3.2　我国信息安全行业发展概况

信息安全的首要目的是保证系统数据安全和业务连续性。具体来说,是指系统的软、硬件及其贮存、流通的数据不因偶然的或者恶意的原因而遭到破坏、更改和泄露。信息安全有 5 个基本属性,分别为真实性、可用性、保密性、完整性和不可抵赖性。随着国内信息安全行业的进一步成熟,国内信息安全产品结构日益丰富,安全网关类产品、安全审计类产品以及应用安全类产品等全面发展。除防病毒软件、防火墙、入侵检测系统三大传统安全产品外,行业用户对技术更先进的产品和服务的需求逐渐增加,产品应用范围从政府、金融、电信、能源、交通等传统领域向各个行业扩展。

从产业链的角度分析,信息安全产业链的上游为操作系统、数据库等软件供应商和电子元器件等硬件供应商,下游客户主要为政府、电信、金融、能源、军工等企业级客户和个人用户。

(1)信息安全成为我国国家战略的重要组成部分。

我国一直高度重视信息安全产业的发展。早在2003年,中共中央办公厅、国务院办公厅就已发布《国家信息化领导小组关于加强信息安全保障工作的意见》。党的十六届四中全会将信息安全作为国家安全的重要组成部分,明确提出要确保"国家的政治安全、经济安全、文化安全和信息安全"。面对日益复杂的全球信息安全形势和国内信息安全现状,2012年党的十八大报告强调,要高度关注网络空间安全,并将网络空间安全、海洋安全、太空安全置于同一战略高度。2013年,党的十八届三中全会再次指出,"加大依法管理网络力度,加快完善互联网管理领导体制,确保国家网络和信息安全"。2014年,中央网络安全和信息化领导小组成立,充分体现了国家对信息安全的重视程度。2016年11月,全国人民代表大会常务委员会通过《中华人民共和国网络安全法》,并于2017年6月1日正式实施,强调了金融、能源、交通、电子政务等行业在网络安全等级保护制度的建设。2016年12月,国家互联网信息办公室发布《国家网络空间安全战略》,是我国第一次向全世界系统、明确地宣示和阐述对于网络空间发展和安全的立场和主张。2017年1月,工业和信息化部制定印发了《信息通信网络与信息安全规划(2016—2020年)》,紧扣"十三五"期间行业网络与信息安全工作面临的重大问题,对"十三五"期间行业网络与信息安全工作进行统一谋划、设计和部署。

(2)我国网络安全事件频发。

随着我国不断完善网络安全保障措施,网络安全防护水平显著提升。然而,信息技术创新发展伴随的安全威胁与传统安全问题相互交织,使得网络空间安全问题日益复杂隐蔽,面临的网络安全风险不断加大,各种网络攻击事件层出不穷。国家互联网应急中心报告,2016年,我国移动互联网恶意程序数量持续高速上涨且具有明显趋利性;来自境外的针对我国境内的网站攻击事件频繁发生;联网智能设备被恶意控制,并用于发起大流量分布式拒绝服务攻击的现象更加严重;网站数据和个人信息泄露带来的危害不断扩大;欺诈勒索软件在互联网上肆虐;具有国家背景的黑客组织发动的 APT 攻击事件直接威胁了我国的安全和稳定。

(3)我国信息安全产业规模快速增长。

2015 年,中国信息安全硬件、软件、服务市场的规模为 27 亿美元,同比增长 19.7%,保持了快速增长态势,上、下半年信息安全市场的占比分别为 42.9% 和 57.1%。2012—2015 年中国信息安全市场规模如图 2.3 所示。

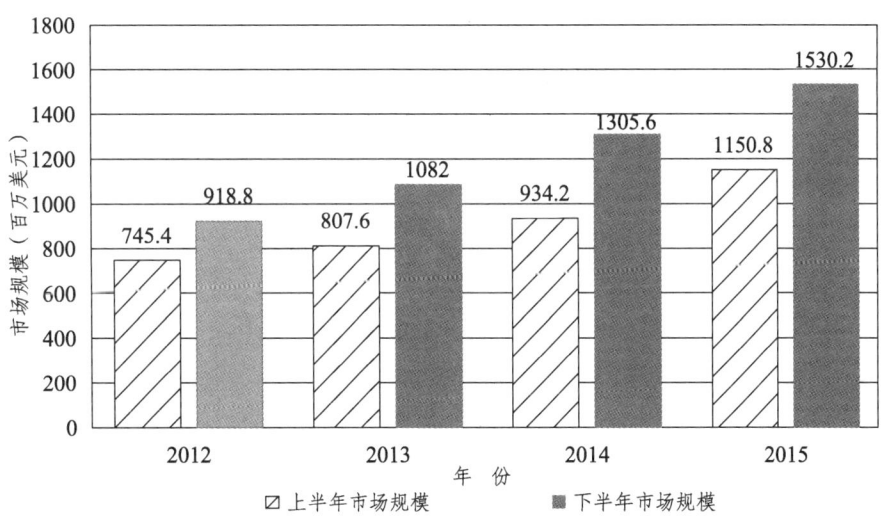

图 2.3　2012—2015 年中国信息安全市场规模统计

2015 年,在信息安全硬件、软件、服务市场中,安全硬件市场的占比最大,为 54.2%;安全软件市场占比为 20.8%;安全服务市场占比为 25%。

2015 年中国信息安全软件市场的规模为 5.57 亿美元,同比增长 13.6%,身份管理与访问控制软件市场成为最大的子市场,而终端安全软件市场以及安全性与漏洞管理软件市场则保持快速增长,这得益于企业级用户对安全软件需求的提升及云应用带来的刚需。

2015年中国信息安全硬件市场的规模为14.52亿美元,同比增长22.1%,保持了快速增长势头,这得益于2015年下半年政府、军队、金融以及电信行业对防火墙和统一威胁管理产品的巨大需求。

2015年中国安全服务市场规模为6.72亿美元,同比增长20%,随着云计算与大数据技术的快速发展,安全服务市场将持续快速增长。

2013—2019年中国信息安全各子市场规模如图2.4所示。

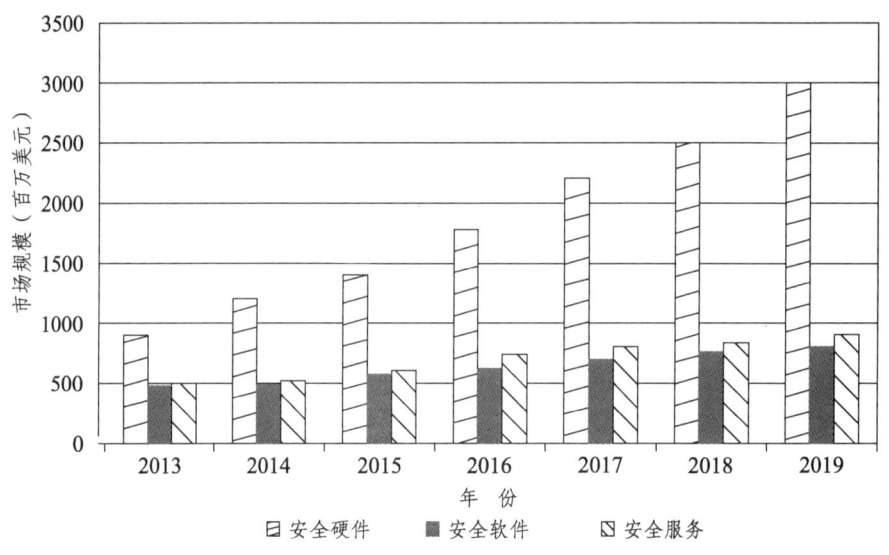

图2.4 2013—2019年中国信息安全各子市场规模

预计到2020年,中国信息安全硬件、软件、服务市场的规模将达到64亿美元,2015—2020年的年复合增长率将达到20.6%。根据中国信息通信研究院的数据,全球安全产业规模从2016年至2019年有望保持超过8%的增速,而国内信息安全产业增速将远高于全球增速。

(4)国内信息安全市场以硬件产品为主。

根据上海社会科学信息研究所与中国信息通信研究院安全研究所联合主编的《中国网络空间安全发展报告(2016)》数据,2015年全球信息安全产业中安全服务、安全软件与安全硬件的市场规模占比分别达到60.1%、24.5%和15.4%。而国内的产业结构与之所不同,安全硬件的占比达到 54.2%，国内信息安全行业以安全硬件为主的特点与全球以安全服务为主的特点有着明显的差异。安全硬件市场中防火墙硬件市场的占比为 37.8%，依然是中国安全硬件市场中最大的子市场，统一威胁管理硬件市场和安全内容管理硬件市场分别占整体安全硬件市场的 25.9%和 13.1%，入侵检测和防御硬件市场占比则为 17.0%。

（5）信息安全投入有待提高。

与美国、日本等发达国家相比，我国信息安全投入的绝对数量以及相对信息产业总投入的占比都明显偏小。国内安全投入占信息产业总投入的比例较低说明国内信息安全发展程度与发达国家相比尚存在差距。这与国内信息安全产业起步较晚、普遍重视程度不够有直接联系。根据国际经验，随着发展阶段的变化，对于信息安全的投入会从产品为主逐渐过渡到服务为主。目前国内处在信息安全发展较为初级的阶段，国内信息安全产品的占比较高也体现了这点。

信息安全产业的快速发展将逐渐降低国内外信息安全领域投入的差距，国内逐渐增长的信息安全投入也将成为信息安全厂商发展的原动力。

2.4 信息安全行业发展的影响因素及趋势

2.4.1 信息安全行业发展的影响因素

2.4.1.1 中国信息安全市场发展现状分析

中国信息安全应用范围非常广泛，其中政府、电信与金融领域信息安全应用最多，而工控安全与数据安全正成为新的增长极。中国信息安全行业近年来快速发展，随着信息安全应用范围不断拓宽，行业迎来了更多的发展机会，其中安全威胁态势智能感知、应用交付市场与真题解决方案能力的增强最受关注。中国信息安全市场分布如图 2.5 所示。

随着信息安全立法的完善和信息安全意识的增强，信息安全产品的需求程度也逐渐提升，这为中国的信息安全产业持续发展奠定了巨大的市场基础。最近几年，中国信息安全产业市场规模持续增长。2017 年中国信息安全市场规模为 415 亿元人民币，相比 2016 年增长 22%。2013—2017 年中国信息安全市场规模及增速如图 2.6 所示。

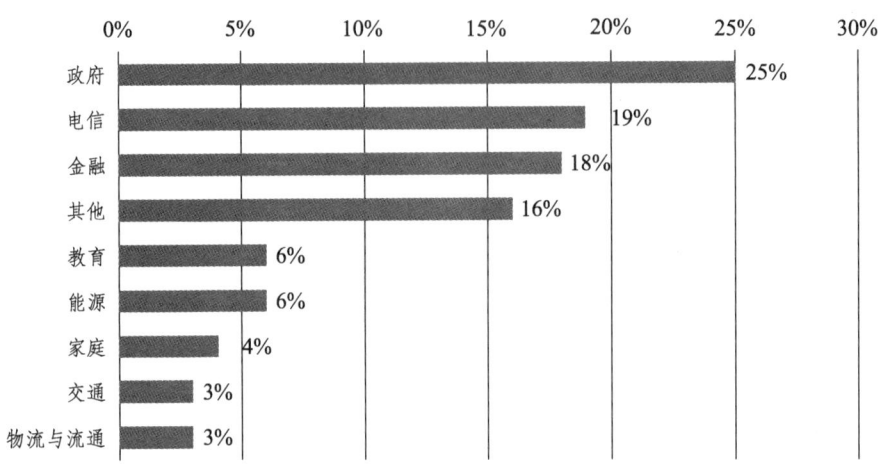

图 2.5 中国信息安全市场分布图

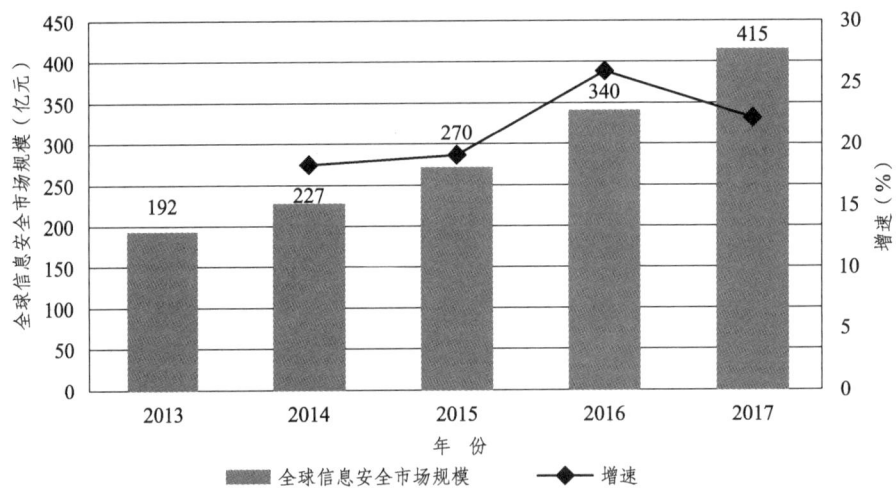

图 2.6 2013—2017 年中国信息安全市场规模及增速

信息安全以政府和大型国企投资为主。目前，中国信息安全产业链中，下游主要为政府部门、电信、金融、能源等信息化程度较高且对信息较敏感的行业。而在投入来源（见图 2.7）中，政府领域的信息安全投入占比最大（22.7%），接近三分之一，其次是电信领域（18.7%）和金融领域（17.9%）。信息安全以政府和大型国企投资为主，企业投入占比较低，这是由于信息安全的投入对于公司而言并不产生直接经济效益，主要起到防御作用，只有出现网络安全事件的时候才能凸显其价值。

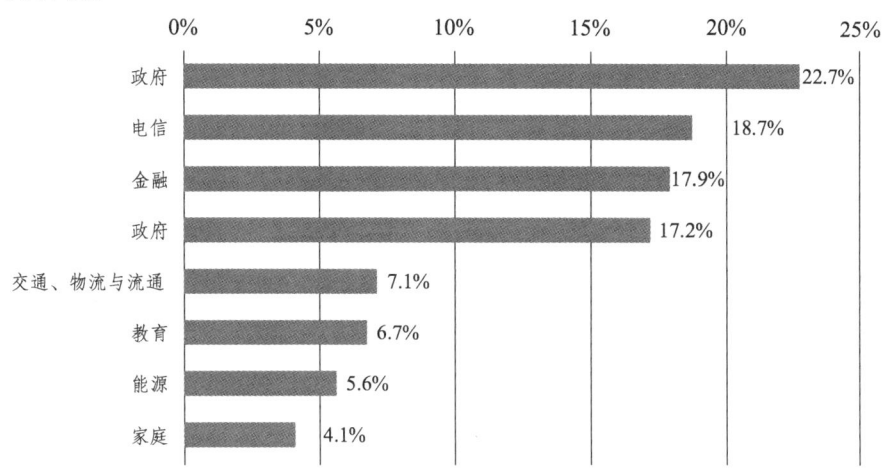

图 2.7　信息安全下游行业需求分布情况

从格局上看，中国信息安全市场呈现高度分散的特点。与全球成熟的信息安全市场相比，中国信息安全市场的行业集中度明显偏低。市场占有率排名前 5 的厂商的市场占有率合计仅为 29% 左右，而全球市场这一数据约为 44%，预计未来国内市场集中度提升将是大概率事件。

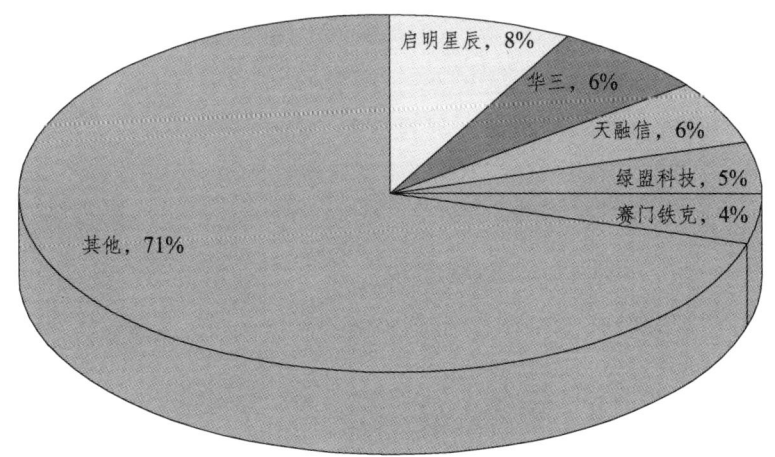

图 2.8　中国信息安全市场格局

预计 2019—2022 年中国信息安全市场将保持平稳增长的势头，其 10% 左右的预测增幅是一个较为理想的水平。预计 2022 年中国信息安全市场规模将超过 967.53 亿元。

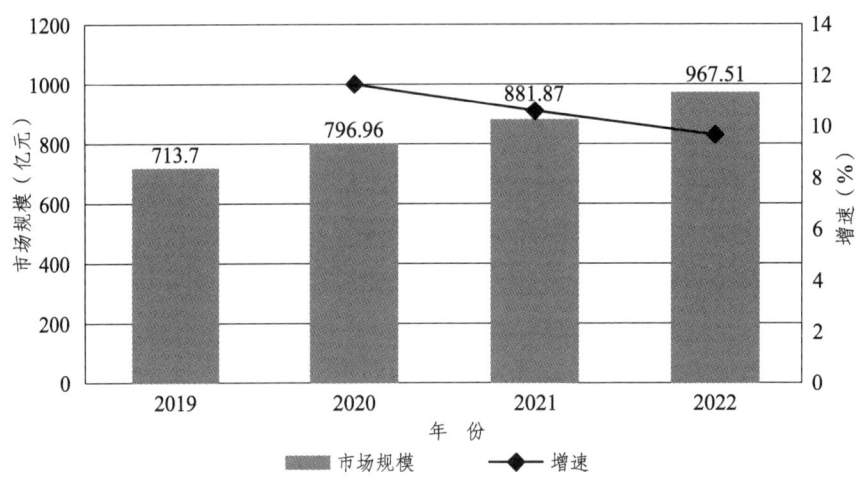

图 2.9 2019—2022 年中国信息安全行业市场规模及增速预测

2.4.1.2 中国网络身份认证信息安全行业发展现状分析

2014—2018 年,中国网络身份认证信息安全行业市场规模稳步扩容。如图 2.10 所示,2014 年,中国网络身份认证信息安全行业市场规模已达 44 亿元;到了 2017 年,中国网络身份认证信息安全行业市场规模首次增长突破 100 亿元;2018 年,中国网络身份认证信息安全行业市场规模已经达到了 132 亿元。作为移动安全的入口,预计到 2022 年,中国网络身份认证信息安全行业市场规模将接近 300 亿元。

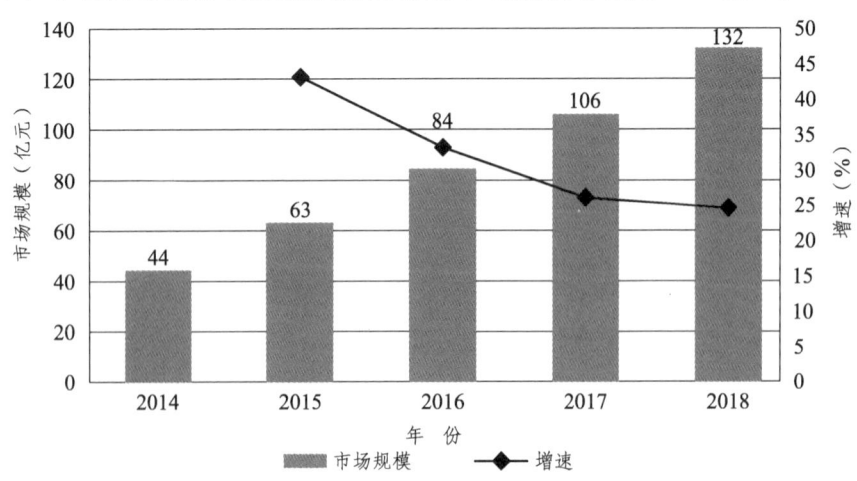

图 2.10 2014—2018 中国网络身份认证信息安全行业市场规模及增速

中国庞大的网民数量和网络应用的多元化是推动身份认证信息安全市场快速增长的重要动力。如图 2.11 所示，2012 年至 2018 年上半年，中国网民数量从 3.84 亿人迅速增长至 8.02 亿人，网络渗透率（使用互联网的网民数与总人口数之比）从 42%增长至 58%。

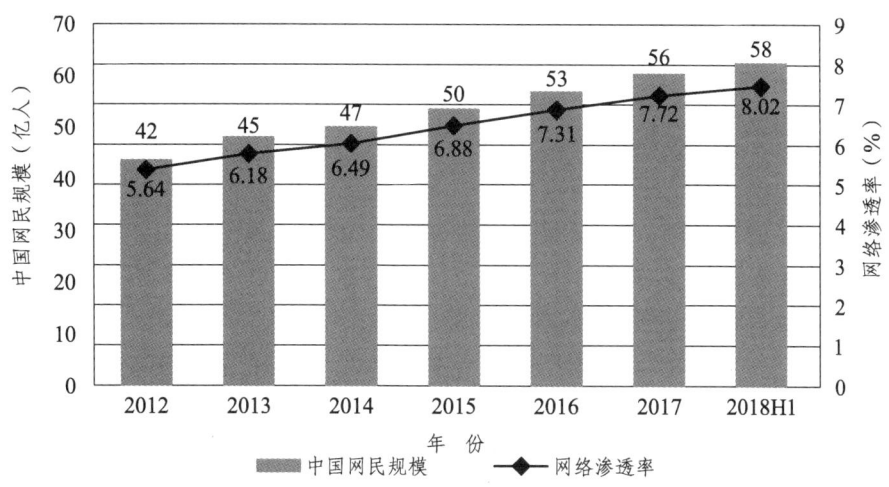

图 2.11 2012-2018 上半年中国网民规模及网络渗透率

2.4.1.3 我国信息安全行业发展的影响因素

（1）信息安全需求的提升是推动行业快速发展的根本因素。随着我国信息化整体水平持续提升，经济社会对信息化的依赖程度日益提高，而随着身份盗用、交易诈骗、资源滥用、网络钓鱼等信息安全事件的频繁发生，政府、企业、个人对信息安全的关注程度增强，社会对信息安全的需求与日俱增，政府部门、重点行业在信息安全产品和服务上的投入也不断增加，促进了信息安全行业的持续发展。

（2）国有政策支持是信息安全行业发展的重要因素。近年来，国家有关部门相继出台了一系列法律法规和鼓励行业发展的产业政策，为信息安全行业的发展营造了良好的政策环境。信息安全形势的日益严峻，国家对信息安全产业的重视程度日益提高，我国的信息安全工作已提高到国家战略高度。随着政府及行业政策法规的推动，促使我国信息安全市场规模日益扩大。

（3）信息安全标准化工作的推进促进了信息安全行业的发展。近年来，我国相继发布了一系列信息安全国家标准，进一步规范了行业的发展，为信息安全产品的选用和研发提供了标准和依据，对信息安全行业的发展起到了积极的引导作用。

（4）信息技术不断发展革新。近年来，云计算、大数据、移动网络的快速发展给信息系统架构带来了巨大变化，信息安全也迎来了巨大挑战。例如，云计算技术使得数据中心的基础设施由原来的各业务系统独立建设模式转变为资源池建设模式，服务器、存储、网络设备的部署方式相应改变，基础架构的变化要求信息安全建设能够适应新的信息基础架构，从而满足新的安全需求，这同时也为信息安全建设带来了新的发展空间。

2.4.2 信息安全行业发展趋势

2.4.2.1 安全威胁态势感知将成为一个重要方向

目前各种各样的安全产品被用于检测网络中的攻击威胁，维护网络的安全运行。但这些安全手段一般只能在一定范围内发挥特定的作用，互相之间缺乏有效的数据融合和协同管理机制。面对众多分散的信息，用户无法全面直观地了解系统安全脆弱点、整体攻击状况以及安全防护效果，无法满足预判系统安全脆弱点并提前实施防御措施的需求。另一方面，随着攻击手段的不断变化，部分高级攻击隐蔽性很强，通过单独的安全产品很难检测和防护。因此，需要汇总网络中所有安全事件信息、威胁信息和相关数据，结合知识库和网络情报库，快速准确地发现网络异常和高级威胁，同时通过通知用户或与网络中安全设备进行联动，实现针对高级威胁进行智能检测和防护的目的。

安全威胁态势感知平台可以有效解决以上问题。安全威胁态势感知平台融合了基于大数据的安全分析技术、威胁情报和可视化技术，可以更加系统的分析整体漏洞和风险，呈现整体的安全状态，同时能够实现针对攻击风险的预判和预防，与传统网络安全产品一起联动配合，整体形成网络安全威胁"全局可视、提前预判、主动预警、立体主护"的全新安全解决方案，有效提升安全防护效果和客户体验。因此，安全威胁态势感知将成为未来几年安全建设的重要方向。

2.4.2.2 云安全和物联网安全市场将会成为下一个高速增长点

随着云计算的普及，大量数据和业务都集中在云计算数据中心中，云计算数据中心面临着巨大的安全风险，其对安全的需求达到了全新的高度，安全在云计算领域将成为与计算、存储、网络并列的四大基础设施之一。云计算的快速发展给网络安全行业带来了巨大的市场空间和商业价值。

近年来，物联网的发展也非常迅猛。物联网技术不仅仅在家庭及消费设备上快速发展，在制造业、物流业、采矿业、石油、公用设施和农业等拥有大型资产的行业也开始大量取得应用。但是，物联网的安全性非常薄弱，各类物联网终端很容易变成被入侵和控制的对象。黑客能够通过入侵物联网设备，逐步渗透到整个网络，窃取大量机密信息，甚至通过操控物联网设备对企业、国家产生直接攻击和威胁。近几年来，物联网安全事故频发，物联网的安全问题正日益受到重视，预计未来几年物联网安全市场将会取得快速发展。

2.4.2.3 应用交付市场将持续快速发展

随着各类互联网业务的高速发展，网络应用不断增多，各类网络应用的安全和质量管理也日益复杂。同时，随着访问用户量、业务流量的逐渐增大，链路、服务器的负载均衡以及按需平滑扩容变得非常重要，并且由于服务宕机、链路故障、应用程序故障时有发生，建立故障的智能检测与自愈机制也迫在眉睫。用户急需一类能够智能识别应用、让网络中的各类应用可视可控，同时能够智能检测各类故障并使其平滑自愈、支持业务处理能力按需平滑扩容、确保各应用安全高效交付的智能产品和解决方案。

基于以上需求，信息安全行业衍生出一个新型的应用交付领域，目前该领域需求旺盛，存在较大的市场空间和商业价值，并且随着用户需求的日益强烈，预计未来几年也将会持续快速发展。

2.4.2.4 高端产品需求快速增长

随着各行各业信息化的进程加快，以及各类互联网应用的蓬勃发展,尤其是视频、游戏、移动互联网的快速发展,网络流量急剧增长,用户对网络安全产品的性能需求将会快速提高,市场对高端产品的需求将会快速增长。

2.4.2.5 安全产品向多功能融合方向发展

现有的信息安全和应用交付类设备通常组网能力较弱,需要与网络设备一起配合部署。同时,由于基本上每一种业务功能都是单一品类(如防火墙、IPS入侵防御设备、Web防火墙、DDoS防护设备、流控审计设备等),导致用户网络中设备种类繁多,配置和维护工作都比较复杂。用户急需一类能融合所有功能、且开启全部功能后仍然保持高性能的产品,以降低用户运维管理的复杂度。因此,市场对于融合多种功能的安全产品的需求日益强烈,相关产品有望加速发展。

2.4.2.6 网络安全由"注重防外"向"内外兼顾"转变

过去业界认为网络攻击通常来自外网,而内网相对比较安全,因此网络安全产品通常部署在网络出口和重要区域边界,对内网攻击普遍疏于防护。但是,近些年由内网发起的攻击日益增多,如各类蠕虫病毒一旦感染某台主机后,就会在局域网内部快速扩散并攻击全网,从而给用户造成重大损失。另外,从内网非法窃取数据资料的行为时有发生,尤其随着云计算"多租户"模式的快速发展,内网云租户之间的安全防护不可或缺。因此,内网安全防护变得日益重要。用户不仅需要重视外部安全,更要对内网安全做配套建设,对接入用户、网络应用、用户行为、网络异常流量进行严密管控,做到"内外兼顾、立体防护",才能实现全方位的网络安全。

2.4.2.7 整体解决方案能力将变得日益重要

目前市场的信息安全产品主要包括防火墙、IPS、DDoS防护、Web应用防火墙、上网行为管理与审计、漏洞扫描等,各类产品的配置方法和监控日志形式各异,运维管理非常繁杂。另外,随着网络安全的威胁来源和攻击手段不断变化,仅采购和部署几类安全产品无法有效保障网络系统长期的安全,因此对网络进行系统规划、构建全面的安全防护体系、制定完善的安全管理策略、落实日常专业的安全管理显得尤为重要。但是，由于大量中小企业安全技术人员匮乏，并不具备这样的能力，同时随着信息安环境的日益复杂，即使是大型企业和机构也越来越难以独自应对，用户普遍期望信息安全厂商能够提供全面的、应对各类安全威胁的整体解决方案，从而降低用户安全管理的复杂度。因此，在未来的安全市场中，提供整体解决方案的能力将变得尤其重要。

通过综合分析国内与国际信息安全行业的发展概况，可以总结信息安全行业的四个发展趋势。

（1）可信化。可信化是指传统计算机安全理论过渡到以可信计算理念为核心的计算机安全理论。近年来计算机安全问题愈演愈烈，传统安全理念很难有所突破，人们试图利用可信计算的理念来解决计算机安全问题，其主要思想是在硬件平台引入安全芯片，从而将部分或整个计算平台变为"可信"的计算平台。当然，目前还有许多问题需要研究和探索，如基于TCP的访问控制、基于TCP的安全操作系统、基于TCP的安全中间件、基于TCP的安全应用等。

（2）网络化。由网络的应用和普及引发的技术和应用模式的变革正在进一步推动信息安全关键技术的创新发展，并诱发新的技术和应用模式的出现。例如，安全中间件、安全管理和安全监控都是网络化发展带来的必然的发展方向，网络病毒和垃圾信息防范都是网络化带来的安全性问题，网络可生存性、网络信任都是要继续研究的领域，等等。

（3）标准化。标准化是指多数发达国家和地区高度重视信息安全标准化的趋势，现在逐步渗透到发展中国家中来。标准化趋势逐步体现出专利标准化、标准专利化的观点。安全技术要走向国际，也要走向应用。我国政府、产业界、学术界等必将更加高度重视信息安全标准的研究与制定工作的进一步深化和细化，如密码算法类标准（加密算法、签名算法、密码算法接口）、安全认证与授权类标准（PKI、PMI、生物认证）、安全评估类标准（安全评估准则、方法、规范）、系统与网络类安全标准（安全体系结构、安全操作系统、安全数据库、安全路由器、可信计算平台）、安全管理类标准（防信息泄露、质量保证、机房设计）等。

（4）集成化。集成化指从单一功能的信息安全技术与产品，向多种功能融于某一产品，或者是几个功能相结合的集成化的产品发展的趋势。产品不再以单一的形式出现，否则产品太多了，也不利于产品的推广和应用。安全产品呈现硬件化、芯片化的发展趋势，这将带来更高的安全度与更快的运算速率，也需要发展更灵活的安全芯片的实现技术，特别是密码芯片的物理防护机制。

2.5 信息安全教育发展趋势

信息安全教育以国家法律政策制度为指导，采用课程设置、宣传教育等多种方式，全面系统地帮助公民增强信息安全意识，丰富信息安全知识，提高信息安全技能。信息安全教育是安全教育中最为关键的部分，主要包括信息安全意识及能力教育和信息安全知识及技能教育两个方面。当前信息安全教育还涵盖了法律法规、伦理道德的教育，这有利于公民增强法律意识，提高自我约束能力。信息安全知识和防范技能是公民知识结构的重要组成部分，信息安全意识和信息安全责任是公民人格修养和综合素质的重要组成部分。

2.5.1 国外信息安全教育发展概况

不同于我国起步较晚的安全教育研究，一些发达国家关于安全教育的研究要早于我国数年乃至数十年。究其根本原因，是因为这些国家工业革命开展时间早，经济发展迅速，各类安全事件频发，促使学者对安全事件重视并进行研究。从20世纪20年代开始，美国、日本等国开始对工业发展的安全进行研究。随后，与安全相关的研究（如安全生理学、安全心理学和安全行为学等）接连出现，进而发展到对安全意识的研究。这一发展为后来人们加强安全管理、深化安全意识研究、推动安全意识教育提供了大量的理论依据。

2.5.1.1 有步骤有系统地出台信息安全人才培养政策

（1）从发展历程来看：

网络信息安全产业发展较好的国家对网络信息安全人才的培养政

策都经历了一个系统性逐步细化的过程，它们发现人才的渠道逐步拓宽，培养人才的目标逐步分层，留住人才的方式逐步丰富。美国、欧盟等都经历了这样一个发展过程。

从美国的人才培养政策来看（见表 2.3），首先是通过促进高校加入信息安全学术中心来培养网络信息安全人才；接着在战略层面上重视网络安全人才培养，并启动相应的配套培养计划；再次是启动符合网络信息安全特点的精英人才培养计划；最后形成非常系统的"基础教育、高等教育、培训认证、人力管理、网络安全竞赛"全方位培养体系。

表 2.3 美国信息安全培养政策

时间	政策内容
1995 年	美国国家安全局成立信息安全学术人才中心，以提高高校信息安全人才培养能力
1997 年	美国国防部修订《信息安全计划》，阐述了信息安全教育的政策与方法，并罗列了差异目标人群教育内容，强化信息安全教育的最低要求。国家安全局成立高校毕业生信息安全再教育中心
1999 年	制定《国家信息安全战略框架》，启动国家网络安全教育培养计划（NIETP），建立政府、学术界与企业界的合作关系，围绕国家信息基础设施保护开展培训工作
2002 年	通过《网络空间人才计划》和《网络安全研究与开发法案》，要求美国政府在 5 年内投资 8.78 亿美元，用于计算机和信息安全人才培养，重点资助网络信息安全专业的博士和博士后
2004 年	美国国土安全部与美国国安局（NSA）的"信息保障司"（IAD）合作实施"国家学术精英中心"计划，确保美国信处系统安全专业人才具有最高的素质
2010 年	美国国家标准技术研究院发布《美国网络安全教育计划（NICE）》，为各组织对于网络安全职位的定义和类别提供参考，使政府、学术界和私营部门之间有一致的理解，使教育工作者、认证者、培训师、雇主和雇员之间能够进行清晰的沟通

续表

时间	政策内容
2011年	美国国土安全部和人力资源办公室牵头提出《网络安全人才队伍框架（草案）》，明确提出了对普通公众、在校学生、网络安全专业人员三类群体进行教育和培训，以提高全民网络安全的风险意识、扩充网络安全人才储备、培养具有全球竞争力的网络安全专业队伍
2016年	美国首份《联邦网络安全人员战略》，将网络信息安全人才工作内容从之前的"意识提升、学历教育、人力结构、人员培训和职业发展"4项工作内容转变为"K12（幼儿园到中学的基础教育）、高等教育、培训认证、人力管理、网络安全竞赛"5个方面并行作部署
2018年	美商务部与国土安全部发布报告《支持国家网络安全人才队伍的发展和维持》，除了关于人才培养的一些具体措施外，提出了采取严格实施"联邦网络安全人才战略"与"联邦网络安全人才评估办法"，以解决招募、发展和留住网络安全人才的需求

欧盟从更加宏观的层面滚动式推出网络信息安全人才培养战略，逐步细化人才培养政策。以英国为例，从英国人才政策来看（见表2.4），首先是通过研究确定网络信息安全人才的分类培养目标，然后是推进学科体系建设（包括小学到硕士等学历教育），同时通过竞赛发掘和锻炼人才，并加强黑客的引导利用，逐步建立一套学历教育、职业培训和黑客培养多层次的培养体系。

表2.4 英国信息安全培养政策

时间	政策内容
2009年	发布《网络安全战略》，建设信息安全专业人才队伍
2011年	① 出台《网络安全新战略》，加强信息安全技能与教育，确保政府和行业提高信息安全领域所需技能和专业知识； ② 网络信息安全研究院英国政府通信总部发布《信息安全保障专业人员认证框架》

续表

时间	政策内容
2013年	① 教育部设置新课程，确保英国儿童从5岁起就开始接受信息安全教育； ② 英国IT行业技能组织与技术公司合作，发起网络信息安全培训计划； ③ 在剑桥大学建立全球网络信息安全中心，帮助各国制定应对网络威胁的综合计划
2014年	有关计算机的课程进入小学，政府宣布开设免费网上培训课程；国家信息安全保障技术管理局（CESG）推出"CESG培训"（CCT）项目，加强网络信息安全人员培训。《网络信息安全专业人员认证指南》明确了网络信息安全人员的职责和能力要求，以及人员的遴选、培训及管理方法，将网络信息安全权专业人员分为7大类
2015年	① 把网络信息安全学科纳入学术教育体系；新增网络安全硕士学位、卓越学术中心；在高等教育、继续教育阶段设置网络安全培训课程 ② "Cyber First 计划"明确将在最大范围内寻找网络信息安全人才，举办挑战赛、数学竞赛
2016年	在《国家网络安全战略（2016—2021年）》中把填补网络安全人才缺口明确为一项长期且具有变革意义的目标，并提出制定专门的网络信息安全人才技能战略
2018年	网络信息安全机构与警方在国家网络安全中心的支持下，合作培训天资聪颖的青少年"黑客"

这些国家和地区既关注培育普通大众的信息安全意识，也加强专业人才的发掘和培养，并重视对从业人员进行岗位培训。

（2）从政策特点来看：

一是将网络与信息安全人才队伍建设纳入国家网络安全战略。欧盟在《网络安全战略》中明确要求各成员国在国家层面开展网络与信息安全方面的教育与培训；英国在《网络安全国家战略》中强调应"加强网络安全技能与教育，确保政府和行业提高网络安全领域需要的技能和专业知识"；俄罗斯在《国家信息安全学说》中指出，构建从学历教育到在职教育的信息安全人才培养体系。

二是出台网络安全人才发展战略。2016年，美国首份《联邦网络安全人员战略》，将网络信息安全人才工作内容从之前的"意识提升、学历教育、人力结构、人员培训和职业发展"4项工作内容转变为"K12（幼儿园到中学的基础教育）、高等教育、培训认证、人力管理、网络安全竞赛"5方面并行作部署。2017年，美国总统特朗普签署13800号行政令《加强联邦政府网络与关键基础设施网络安全》，再次强调要加强网络安全人才培养。英国在《国家网络安全战略（2016—2021年）》中把填补网络安全人才缺口确定为一项长期且具有变革意义的目标，并提出制定专门的网络安全人才技能战略。

2.5.1.2 政府指导高校设置网络信息安全学科体系，并根据实际情况及时调整

学校教育是各国培养网络信息安全人才的主要方式，部分发达国家在学校教育上的主要做法包括以下几个方面：

一是在教育体系中设置与网络信息安全相关的基础或专业课程。英国把网络信息安全纳入学术教育体系中，涵盖从初中到博士学位的相关课程；英国教育部设置新课程确保儿童从5岁开始接受网络安全教育。美国在高中开展理论计算机科学教育，作为网络安全专业学习的先导和基础，大学和研究生阶段则开展网络安全专业教育。日本的网络空间安全人才培养体系以高等教育为主，并形成以公立大学为主、私立大学为辅的模式。新西兰高校的网络空间安全教育已相当普及，几乎所有大学都开设了相关课程，研究生层面教育更为突出，开设课程分为必修课与选修课。

二是制定明确的专业方向并及时调整更新。英国将网络信息安全人才划分为7个方向，并于2014年和2015年各增加6个网络安全硕士专业认证；美国在2012年颁布指令，将网络信息安全专业划分从4大类8个方向调整到7大类30个方向。

三是针对"超常"和"精英"设置教育计划或方案。以色列采取了"超常"教育计划，支持网络信息安全领域"天才儿童"和"大学精英"的培养。美国和英国都有针对"精英"的教育计划及相应的配套课程体系。美国西康涅狄格州立大学（WCSU）设立了跨学科性质的信息安全专业，主修该专业的所有本科生必须修完15门通识教育课、11门商科必修课以及8门专业必修课，如表2.5所示。

表 2.5 WCSU 信息安全专业课表

学科 课程	计算机科学	信息系统	刑事司法	数学	哲学	心理学	社会学科	会计学	管理学
访问控制	✓	✓						✓	
风险管理									
商务规划		✓						✓	✓
数据分类	✓	✓							
安全意识		✓				✓	✓		✓
计算机系统安全				✓					
通信安全	✓	✓							
组织架构		✓				✓	✓		
法律规章问题			✓						
计算机犯罪调查			✓					✓	
应用程序安全	✓	✓						✓	
物理安全		✓	✓						
信息伦理									
系统运行安全	✓	✓							✓
安全政策的发展		✓							✓
密码学	✓			✓					

2.5.1.3 政府、行业和企业同时开展培训,提高从业人员职业技能

职业培训是各国提升网络信息安全人才技能水平的重要途径。许多发达国家都建立了各自的信息安全职业技能培训认证系统,主要有以下几种情况:

一是政府直接或指导建立培训机构。美国政府机构和部分研究中心直接规范信息安全培训的标准和要求,也通过军队系统加强网络信息安全培训；欧盟早在 2004 年就成立了"欧洲网络与信息安全局"，组织、协调各成员国采取有效措施提升本国网民信息安全素养；英国在 2011 年《网络安全国家战略》中部署英国情报中心协助建立网络安全研究院，开展人才教育培训；新加坡政府根据《信息通信安全总体规划（2008—2013）》携手业界共建信息安全专业人员协会。

二是行业组织开展多种培训工作。美国部分网络信息相关的协会都会开展专题培训；英国 IT 行业技能组织与多家技术公司合作，发起网络安全培训，提升专业人才实践能力；新加坡公益组织已成为政府推进网络安全教育的重要合作伙伴，其中"父母网络顾问组"作为最早的公益组织，自 1999 年起开始创建网络交流平台，定期开办网络安全讲习班，举行安全上网主题巡展等活动。

三是企业积极参与课程设置、职能培训和资质认定。以色列科技部和洛克希德-马丁公司签署协议，合作制定科学与技术专业的教育课程规划；美国的 NICE 计划将各权威网络安全培训和资质认定项目同人力框架完成初步对应，微软、思科、趋势科技等公司都可以提供网络信息安全资质认证，在全球都具有一定的权威性和影响力。

2.5.1.4 创新人才发掘和培养路径，加强网络信息安全人才储备

一是通过重大竞赛发现和锻炼人才。2016 年公布的美国首份《联邦网络安全人员战略》，将网络安全竞赛与基础教育、高等教育、培训认证、人力管理同步部署，以全面加强网络信息安全人才培养。2015 年，英国情报机构政府通信总部实施"Cyber First 计划"，邀请 11—17 岁的青少年参加，通过网络安全挑战赛、国家数学竞赛等各类竞赛挖掘潜在人才，培养"下一代网络安全专家"，该计划一直延续至 2017 年 2 月 14 日英国国家网络安全中心（NCSC）成立；2018 年，NCSC 又在格洛斯特郡新建了两个网络学校中心作为试点，以网络安全这一学科作为关键，提供各类教育资源，拓展人才发展渠道，以满足英国未来的网络安全需求。

二是加强黑客的正确引导和使用。英国已被定罪的计算机黑客通过安全审查后可在联合网络储备局任职；澳大利亚秘密情报部门在全

国招收网络高手和黑客参与国家网络安全防护；印度政府专门招募了一支由数十名年轻"黑客"组成的网络警察部队，以网络顾问的身份为软件公司网络信息安全提供技术支持。

三是拓展信息安全人才应用技能提高的途径。新加坡安全部门与 NSA 合作推出培训计划，参与者可被派驻到 NSA 位于以色列的反欺诈指挥中心学习；以色列则通过鼓励产业园孵化创新、促进研究产业化等多种途径激发人才潜力，也是加强人才应用技能提高的有效手段。

2.5.2　国内信息安全教育发展概况

与国外信息技术发展相比，我国信息技术的发展相对较晚，发展的规模和层次都存在差距，但我国信息安全发展的速度和对信息安全的研究拓展速度却十分迅速。

我国信息安全发展经历了三个发展阶段。第一阶段是密码理论与技术。国内学者在公钥密码、序列密码等基础理论方面取得了一定的成效，但尚未建立自身独立的标准体系。第二阶段是信息对抗理论与应用。郑连清所著的《信息对抗原理与方法》中，阐述了信息对抗的形式、原理和方法，内容包括计算机网络对抗、信息安全防御等。第三阶段是信息安全体系结构理论。冯登国、张阳在《信息安全体系结构》一书中，对信息安全设计的各个层面进行了梳理和论证，并从信息安全标准、管理、应用案例等方面系统论述了如何解决信息技术应用所带来的信息安全问题。

在信息安全教育方面我国起步也较晚。2001 年，武汉大学成立了全国第一个信息安全本科专业，揭开了我国信息安全专业人才培养的序幕；2002 年，教育部批准 18 所高校设立信息安全专业，预示着信息安全人才培养大潮的来临；2003 年，国家信息化领导小组出台《关于加强信息安全保障工作的意见》，明确指出把信息安全人才培养作为一项加强国家信息安全保障的重要任务。经过这些年的发展，目前全国已有 122 所高校设置了与信息安全相关的专业（其中包括 92 个信息安全专业和 18 个信息对抗专业），同时成立了 12 所国家保密学院并设置相关的保密管理专业，每年能够为国家提供约 1 万人的信息安全专业人才。尽管如此，面对国家日益紧迫的人才需求现状，仍然存在很大的人才缺口。据统计，我国信息安全等级保护重要信息系统已定级的数量在5万个以上，信息安全专业人才的缺口超过100万个，信息安全人才数量仍难以满足当前的需求。

2014年，中央网络安全和信息化领导小组成立，习近平总书记在小组第一次会议上指出：没有网络安全就没有国家安全，没有信息化就没有现代化。2015年7月，我国发布实施了全新的《国家安全法》，其中首次明确了"网络空间主权"的概念，提出要"维护国家网络空间主权"。2015年6月，经教育部批准，网络空间安全专业增补为国家一级学科，结束了信息安全专业始终没有国家一级学科的尴尬局面，进而将信息安全人才培养的方向进一步明确，培养力量更加集中，体现了国家对网络安全、信息安全人才培养的关注，也标志着我国信息安全教育进入了新的时代。因此，研究信息安全教育显得尤为重要。

随着移动互联网、大数据、云计算等信息技术的发展，我国日益重视信息安全教育，并已取得了一定的成就，但也不能忽视当前信息安全教育过程中存在的问题，主要包括信息安全教育内容缺少新鲜血液、信息安全教育方法不当、信息安全教育资源匮乏、信息安全教育评价缺失四个方面。

（1）信息安全教育内容缺少新鲜血液。

在互联网浪潮及全球化背景下，信息安全问题日益突显，呈现出网络威胁形式多样、信息安全问题隐蔽性高、后果危害性大等特点。目前，信息安全教育的内容大部分停留在传统安全教育方面，主要涉及信息安全基础知识、风险防范常用手段等，教育内容缺乏一定的创新性和实效性。

一是仅开展计算机安全使用、网络账号防范盗取、病毒的危害和防治等传统的信息安全教育内容，较少涉及网络伦理道德、网络心理健康、信息安全法律法规、信息安全管理制度等内容。以大学生为例，许多高校都开设了必修课程《思想道德修养与法律基础》，但是其中仅有一个章节对信息安全教育进行解析，远远不能够满足大学生实际的信息安全需要，难以使其游刃有余地独自应对层出不穷的信息安全问题。与此同时，教育内容较为狭隘和简单，个人隐私保护、网络心理健康方面的教育被遗漏，这些却恰恰是当今复杂形势下最至关重要、不可缺失的。

二是信息安全教育缺少实践性教育内容。当下的信息安全教育内容更侧重于信息安全方面的理论知识，未能结合一般的必备技能和相关实践要求。在社会转型发展期，各种社会矛盾相互交织、极易激化，社会中发生的热点事件经由网络会被快速传播开来，引起公民的关注和热议。比如清华大学一老师被冒充的公检法人员电信诈骗1760万元一事，公民对此较为关注，也在第一时间主动了解、学习各种电信诈骗防范手段，但对于这类事件的教育却止步于汲取常识性的信息安全防范知识，没有类似情景模拟等实践性的教育内容，且教育过程不够深入，教育效果也不尽如人意。

三是信息安全教育内容老化过时，体现不出时代的特点。信息安全教育的内容应当是多方面的，在内容的选择上应当重视时代性，与时代特征相契合，与现实生活相联系。学校、企业、社区、社会组织等都应建立各种与信息安全相关的规章制度，并将此作为其覆盖群体的信息安全教育主要内容。比如学校开设计算机公共课，主要教授计算机理论知识和操作技能，企业开展信息安全教育培训工作，注重对员工进行专业技术相关方面的培训，但这些规章制度的内容都大同小异、针对性较差，大都承袭传统的信息安全教育内容，大家较为关心的个人信息保护等却鲜少提及。以这种方式对各类群体进行信息安全教育，其效果是难以保证的，也难以为信息安全构筑一道坚实的教育屏障。

（2）信息安全教育方法不当。

随着现代信息技术的快速发展，信息泄露事件与日俱增，政府部门、企事业单位、学校、社会组织等主体已充分认识到公民信息安全教育的重要性，针对不同的群体开展了一系列信息安全相关方面的教育。但纵观当前的信息安全教育，教育方法的选取都是从关注个体的角度出发，被动地实现或维护整体的安全。这种教育方式是传统信息安全教育模式的延伸，其出发点和落脚点是为了保证公民正常的学习、工作和生活，没有充分发挥技术手段对公民信息安全教育的重要作用。

其 ，以灌输式教育方式为主，公民只能被动地接受信息安全教育。我国开展的公民信息公民教育,许多都是直接告知该如何增强风险防范意识。这种灌输式的教育方式过于简单和被动,对于公民来说不仅没有吸引力,而且缺少双向的互动和交流,教育效果极为不佳。

以企业为例,考虑到员工信息安全教育和培训需要花费大量的资金和人力,大多数企业和单位在选择教育方式时,会倾向于选择简单易操作的灌输式教育。一个老师、一份讲义、一张考卷即构成了信息安全教育和培训的全部内容。这种纯灌输、纯考试的方式,难以切实提高员工的信息安全意识和能力,至于信息安全教育效果更无从谈起。

其二,进行信息安全教育基本上还是沿用传统的方法,采用专题讲座、案例展示、发放手册等常规化方法,教育形式陈旧且单一。近年来随着信息技术与教育的不断融合,出现了慕课、微课等新的教育内容和教育形式,但仍旧较多的沿袭传统的教育方法。比如当地社区对居民进行信息安全教育时,通常找专业人士开设安全主题讲座,讲座内容专业性较强,与居民日常生活脱节,并且惯用讲座的方式已然提不起居民的学习兴趣,所以居民往往一听了之,在面对具体的信息安全问题时,根本不知道如何应对和防备。此外,由于公民在年龄、受教育程度等方面的不同,对于信息安全知识的需求和信息安全教育方法的选择上会存在一定的差异性,这种趋同化的教育方法难以真正满足其教育需求。

其三,大部分公民的信息安全教育都表现为集中突出式的教育比较多,教育和宣传的方法过于简单。当某个地区存在明显的信息安全隐患或是已经发生了重大信息安全事故后,该地相关责任部门才会高度重视信息安全教育,通常采取一些临时应付式的信息安全教育和宣传手段,针对具体问题进行事后信息安全教育。这种突发应付式的教育方式会给公民接受信息安全教育带来了负担,不利于信息安全教育形成长效的教育机制。因为短期内公民无法消化大量纯理论性的信息安全知识,且公民在接受教育和培训后,缺少继续教育和效果追踪,原先的信息安全知识得不到巩固和强化,更容易遗忘。

(3)信息安全教育资源匮乏。

完备的信息安全教育资源是提升公民信息安全教育效果的重要保障。当前无论是师资队伍的建设、教育资金的投入,还是日常的管理,都反映出信息安全教育资源匮乏的问题。

具体来说，教育资源的匮乏主要体现在下述三个方面：

一是公民信息安全教育师资队伍建设不完善。公民信息安全教育的开展，迫切需要一支具有高素质、高能力、高水平的师资队伍，让公民在接受信息安全教育的过程中不仅能够学到知识和技能，还能提高信息安全意识。我们在中国知网平台以"信息安全教育"为主题进行检索，发现近十年间总计993篇与此相关的文章；以"信息安全教育"为关键词进行检索，发现近十年间只有81篇与此相关的文章。这从侧面反映出从事信息安全教育研究的人数之少，可见信息安全教育活动的开展缺少足够的专业研究人员支持。此外，承担信息安全教育任务的更多都是政府相关部门工作人员、企业非技术性人员、学校行政人员等，其专业知识和专业技能不全面、不扎实，教育的针对性和实效性明显需要进一步强化。与此同时，由于教育者不能定期接受专业化、职业化的安全教育培训，对于新出现的信息安全问题无法及时更新信息安全知识并将其传递给受众。

二是教育者所掌握的教育资源相对较少，与教育对象出现资源不对称的状况。在传统安全教育中，教育者拥有一定的教育资源优势。但在信息安全教育中，由于网络资源的开放性和共享性，削弱了教育者在信息安全教育中的主体地位，使得教育者失去了对教育信息和资源的支配权和先导权，很难再通过过滤和灌输的形式把教育内容强加给教育对象。仅从使用互联网络的群体规模比例，即可看出教育者和教育对象在获取网络资源上的差别。截至2017年12月，学生群体占网民总体的比例为25.4%，是其中规模最大的群体，远远高于专业技术人员等其他群体。此外，网络的快速发展也对教育者提出了更高的要求，需要他们熟悉网络、及时更新知识、不断提高业务能力。其实在当前信息安全教育实践中，许多教育者受到年龄、精力和固有思维模式的影响，网络使用能力和知识掌握水平甚至不及部分教育对象，这在一定程度上增加了信息安全教育的难度，影响了信息安全教育的实际效果。

三是信息安全教育资金投入不足，培训教育方面存在漏洞。总体上看，我国当前对于信息安全教育的资金投入明显不足。2017年8月，第三届中国互联网安全领袖峰会在北京举行，腾讯首席运营官任宇昕在会上表示，信息安全已成为数字经济的神经系统，而国内信息安全投入却不足1%，与美国和日本相比有着较大的差距。除此之外，我国各个信息安全教育主体开展公民信息安全教育工作时都需要投入大量的人力、物力和财力，而有些地区没有充足的经费预算和人才调度，加上教育资源分配的不均衡，极易导致各个地区接受教育的程度千差万别。信息安全培训教育体系还处于初期的形成阶段，一些信息安全常识和技能、应对最新的网络安全风险的举措等内容还未纳入培训体系中，对于培训对象也不能做到对各个层级的教育者或教育对象的全覆盖。

（4）信息安全教育评价体系缺失。

目前，我国尚未形成科学合理的公民信息安全教育评价体系。由于公民信息安全教育评价体系的缺失，致使无法统计公民对信息安全相关知识和技能的掌握程度，也无法评估各级各类教育主体开展教育工作的规范性和实效性。

一方面，目前缺少合理的信息安全教育评价体系，即使存在也只是注重形式而忽视实质效果评价体系。从政府层面看，政府相关部门应上级部门要求，定期开展公民信息安全教育活动，但大都是教育活动一结束公民信息安全教育也就暂告一段落，没有"回头看"的评价机制，也没有实行"谁教育、谁负责"的制度。从社区层面看，社区中常常以讲座、宣传栏、宣传片的形式举办信息安全知识普及活动，但在信息安全教育活动结束之后，并没有针对教育对象形成一个科学合理的考核评价制度，也没有教学效果的跟踪考察机制。我们在上海闵行区古美路街道网站检索处输入"安全教育"后，出现了18条与此相关的信息，但几乎全部都是开展安全教育讲座或举办系列活动的资讯，并没有后续的教育效果评价。从学校层面看，信息安全教育评价在学校整个教学工作中一直处于缺位的状态。学校教学计划的制定、实施和评价都集中在其他专业性强的学科门类上，却并未对信息安全教育的时间、教材、内容、教师、教学效果等方面作出统一详尽的规划。除少数专业学生外，大多数非计算机专业的学生是否接受信息安全教育似乎无足轻重，更别提信息安全教育的评价体系，这些都严重影响了学生接受信息安全教育的积极性以及信息安全教育的效果。此前甘肃省为全面提升学校安全教育整体水平，专门建设了"学校安全教育实验区"。实验区内建立了安全教育评价体系，并将此纳入年度考核指标中，取得了较好的效果。基于此，学校可以借鉴有益经验，建立相关信息安全教育评价体系，改变当前信息安全教育评价缺位的现状。

另一方面，信息安全教育评价流于形式，具体评价内容存在明显缺陷。现有的信息安全教育评价内容侧重于评价公民对信息安全理论知识和常规技能的掌握程度，注重评价理论层面而非应用层面。实际上，我们应当对信息安全意识、信息安全知识、信息安全能力、信息安全伦理和信息安全问题处理等多个方面的内容进行综合考核和评估，这样既有利于判断公民的储备和掌握信息安全知识的程度，还有利于切实了解公民思考、分析、解决实际安全问题的能力。由此可见，建立健全信息安全教育的考核评价制度，完善信息安全教育评价体系，极具现实意义。

在我国的教育体系中，信息化教育已经成为各级教育的重要内容。随着信息化教育的普及，小学生从入学开始就接受信息化教育，成为义务教育的一部分。计算机基础教育是高校学生的公共必修课之一，同时国家每年有两次全国的计算机等级考试，各省也有自己的省级计算机考试。但是，在上述全国及省级计算机等级考试中，基本不涉及网络和信息安全的内容，网络与信息安全只是作为计算机相关专业的专业课来设置，基础课几乎不包含这方面的内容。不仅如此，国家层面关于网络及信息安全教育也尚未形成一个规范系统的体系。在继续教育阶段，在对员工相关教育和培训中也更注重信息系统功能的使用，而忽视了其信息安全的内容。

"网络安全和信息化是一体之两翼、驱动之双轮"，这是习近平总书记2014年2月在中央网络安全和信息化领导小组第一次会议上提出的新论断和新要求。当前，我们迫切需要通过职业教育来弥补教育体系中网络和信息安全教育的缺失这一短板。

第三章

基于产业政策和区域发展的需求调整专业设置

专业设置是高职教育与社会需求紧密联系的纽带。专业设置合理,是高职院校提高人才培养效率,凸显办学特色,主动适应社会需求,推动高职教育可持续发展的关键所在。2006年,教育部《关于全面提高高等职业教育教学质量的若干意见》指出,"针对区域经济发展的要求,灵活调整和设置专业,是高等职业教育的一个重要特色"。2010年,《国家高等职业教育发展规划(2010—2015)》明确指出,要"调整优化专业设置和布局结构,主动适应国家产业发展战略和区域经济社会需求……引导各地政府和院校根据国家产业政策导向、区域经济社会需求和毕业生就业等实际情况,及时调整专业设置,优化专业布局,主动适应市场需求。"因此,研究分析高职院校如何根据经济社会发展和产业结构变化趋势,根据人才需求和就业状态,灵活地调整和设置专业,努力提高与区域经济社会发展的契合度,是一个具有重要现实意义的课题。

高职院校的专业设置要适应区域产业经济发展,必须首先清楚地认识和了解区域产业结构及经济发展与高职院校专业设置的具体现状,明确专业布局在适应产业经济发展中存在的主要问题和原因,才能为专业布局优化策略的制定提供切实有效的基础。

3.1 重庆市经济发展特点与趋势

近两年来,重庆市经济增长运行跳跃性很大,但从我国经济发展进入新常态背景的较长时间段来看,重庆市经济运行基本符合全国的运行轨迹,呈现"L"型发展的态势。总体上,重庆市经济运行下行调整的时间滞后于全国，波动性大于全国，体现了在国内外形势变化、我国经济发展进入新常态背景下的共性，同时也表现出自身区域经济运行的特殊性。

2010年来，我国经济下行压力增大，"L"型经济走势将会持续一段时间。电子信息产业在整体经济较为低迷的背景下保持了较快增长，发展质量也得到了明显的改善。我国已成为一个电子信息产业大国，但是电子信息产业缺乏核心竞争力，还处于代工和劳动力密集的生产加工阶段，还未成为一个电子信息强国。我国电子信息产业的发展面临着动力切换、下行压力凸显、整体竞争实力偏弱以及核心、高端和基础产品供给相对不足等诸多问题。在这样的大环境下，重庆市 GDP 增速仍连续三年超过 10%，连续七个季度位列全国 GDP 增速首位。在这样耀眼的成绩背后，电子信息产业的迅速发展功不可没。

电子信息产业对重庆市经济增长有明显的促进作用。从 2004 年到 2015 年，电子信息产业对重庆市 GDP 的贡献率平稳升高，特别在 2009 年以后，贡献率均大于 4.5%。而电子信息产业对重庆市 GDP 的拉动率从 2009 年开始也始终保持在 0.5%以上。电子信息产业一举成为重庆市的支柱性产业，成为推动重庆市经济发展的新引擎。电子信息产业既包含有第二产业中的电子制造业，又包含有第三产业中的软件服务业，交叉的产业属性使得电子信息产业能带动很多其他产业。电子信息产业由于其更新速度快、技术含量高、渗透性强等诸多特点，显著地拉动了重庆市的经济发展。

因此，对重庆电子信息产业进行深度分析，有助于理解重庆经济发展模式与规律。本书将以重庆电子信息产业为研究对象，分析重庆市经济发展的特点与趋势。

3.1.1 重庆市电子信息产业发展历程

3.1.1.1 初步萌芽阶段

重庆市电子信息产业起始于 20 世纪初期，具有悠久的发展历史，在我国西部地区中起步较早。在初始阶段，重庆市电子信息产业主要为军事国防事业服务，直至 20 世纪 60 年代，地方性的电子信息产业才开始萌芽，到党的十一届三中全会召开前才算正式起步。此后，随着具有中国特色社会主义市场经济的兴起以及宏观经济政策的改变，重庆市电子信息产业受到了强有力的冲击。

3.1.1.2　缓慢发展阶段

1990年以后，国有企业发展低迷，电子信息产业的发展也进入瓶颈，徘徊不前。为了突破瓶颈，重庆市电子信息产业转变固有思维方式，打破传统工作思维，主动与国外和东部沿海电子信息产业发达地区开展合作，加大招商引资力度，陆续创立了外资、中外合资企业20余家，累计出口创汇上亿美元。重庆市大力推进电子信息产业的发展，针对市场需求的空白，积极研制新产品，尤其是投资类电子产品和元器件类电子产品，使消费类、投资类、元器件类产品的比重由最初的3∶1∶1调整为后来的3∶5∶2，使得三类产品比重更为合理。电子信息产业积极深化国有企业改革，实行国企的重组改制，提高行业的盈利水平，电子信息产业最终完成了从亏损到盈利的艰难任务。

3.1.1.3　快速发展阶段

进入21世纪以后，我国加入世界贸易组织，积极与国际接轨，大力推行信息化战略，重庆市委、市政府对电子信息产业的重视程度也显著提高。"十五"时期确立了重庆市电子信息产业的先导产业地位，给予了充分的关注；"十一五"时期又将电子信息产业纳入到重庆市支柱型产业中，最大限度地推动其发展。重庆市牢牢抓住国内外电子信息产业交替的机会，依靠国际、国内两个市场的优势资源，建立了良好的电子信息产业投资环境，打造专属园区，形成产业聚集。经过电子信息产业全体从业人员的不懈奋斗，重庆市电子信息产业的发展走向了高潮。

3.1.2 重庆市电子信息产业发展现状

3.1.2.1 重庆电子信息产业发展规模

表 3.1 重庆市电子信息产业总产值表

年份	电子信息产业总产值/亿元	增长率
2004	132.29	—
2005	214.38	62.05%
2006	309.9	44.56%
2007	403.31	30.14%
2008	439.97	9.09%
2009	806.17	83.23%
2010	1359.14	68.59%
2011	2522.4	85.59%
2012	3057	21.19%
2013	4007	31.08%
2014	5034	25.63%
2015	5858	16.37%

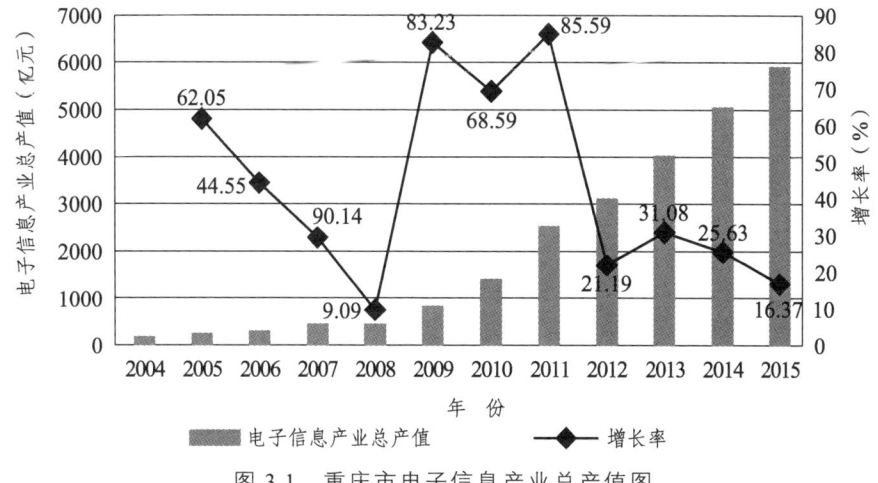

图 3.1 重庆市电子信息产业总产值图

从表 3.1 和图 3.1 中可以看出，从 2004 年到 2015 年，重庆市电子信息产业总产值显著增长，2015 年的 5858 亿元是 2004 年的 132.29 亿元的44倍多。在量上有巨大的飞跃,在增长率上也一直保持较高水平,尤其是2009年到2011年增长率都超过了60%,部分时期甚至超过了80%。重庆市制定的相关政策与规划有力地促进了电子信息产业的健康高速发展。

如表3.2和图3.2所示,重庆市的电子制造业和软件业产值从2010年到2015年逐年提高,整体的增长率有所放缓。重庆市电子制造业2015年累计实现产值4075亿元,同比增长16.37%。

表3.2 重庆市电子信息产业分类产值汇总表

年份	电子制造业产值/亿元	软件业产值/亿元	电子信息产业总产值/亿元	增长率/%
2010	978.68	380.46	1359.14	—
2011	2016.6	505.8	2522.4	85.59
2012	2193	864	3057	21.19
2013	2935	1072	4007	31.08
2014	2683	1351	5034	25.63
2015	4075	1783	5858	16.73

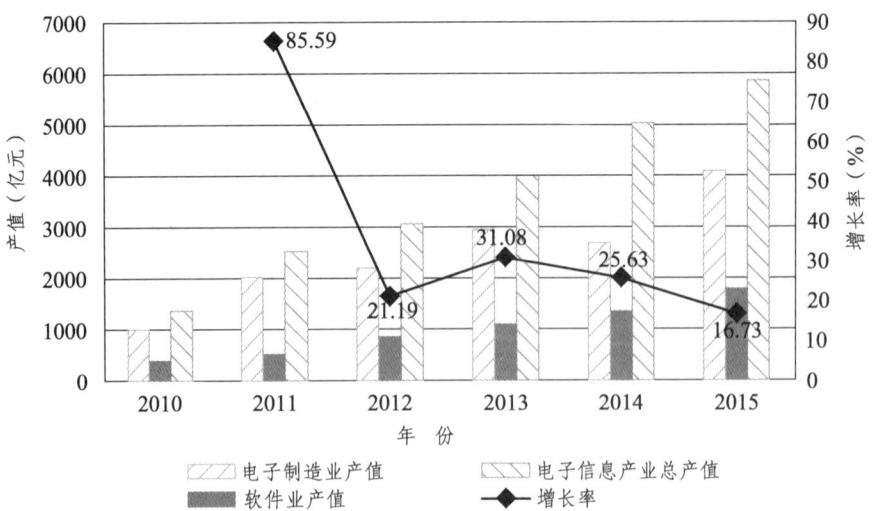

图3.2 重庆市电子信息产业分类产值汇总图

从表 3.3 看出，电子信息业务的另一大类——软件业的产值也一直持续增长，从 2011 年的 505.8 亿元到 2015 年的 1783 亿元，产值增加了 2 倍多。从企业的数量来看，从 2011 年的 372 家到 2015 年的 941 家，每年都保持了较快的增长速度，且增长率基本在 20%以上。软件业的企业数和产值实现同步增长。电子信息产业的优秀企业也在不断增多，在 2015 年重庆市优秀工业企业 50 强中，达丰（重庆）电脑有限公司、英业达（重庆）有限公司、旭硕科技（重庆）有限公司、仁宝电脑（重庆）有限公司、纬创资通（重庆）有限公司和重庆信威通信技术有限责任公司 6 家与电子信息相关的企业位列其中。

表 3.3　重庆市软件业企业数和软件业务收入

年份	企业数/家	企业增长率/%	软件业务收入/亿元	收入增长率/%
2011	372	—	505.8	—
2012	461	23.92	864	32.94
2013	616	33.62	1072	70.82
2014	738	19.81	1351	24.07
2015	941	27.51	1783	26.03

如表 3.4 和图 3.3 所示，2014 年重庆市电子信息产品产量接近 2 亿台。彼时，全球笔记本电脑出货量日渐减少，2014 年比 2013 年减少了将近 5%。如此重压之下，重庆依靠强大的聚集效应，强势反转，2014 年笔记本电脑总产量达 6100 多万台，增长率达 15%，已占全球产量的 40%，一举超越台湾，成为全球最大的笔记本电脑生产基地。2015 年，重庆电子信息产品产量突破 2.6 亿台，虽然电子计算机在 2015 年产量有所下降，但重庆的电子信息产业不断更新换代，向"芯、屏、器、核"的智能终端升级。特别是以笔记本电脑为代表的电子终端产业群的发展，由于其服务性强、关联度高等特点，对于产业链上、中、下游的企业都能起到推动作用。同一行业相同企业统一区域聚集发展，形成规模效应，制造类企业与生产型服务企业相互合作，优势互补，助力电子信息产业登上新的高度。

表 3.4　重庆市电子信息产品年产量汇总表

年份	电子计算机/万台	显示器/万台	打印机/万台	手机/万台
2011	2547.8	220.86	475	592.47
2012	4160	807	900	1095
2013	5593	995	1944	3545
2014	6446	1467	1616	9418
2015	6181	1950	1448	17547

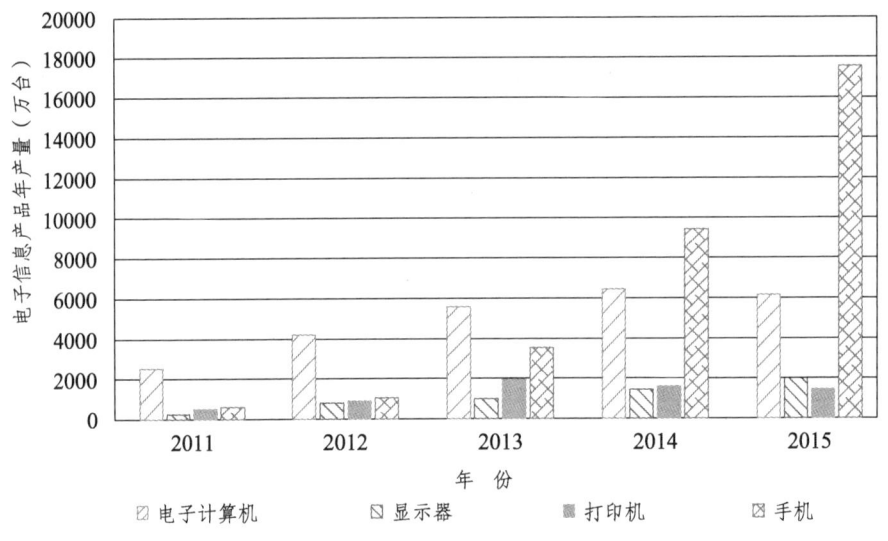

图 3.3　重庆市电子信息产品年产量汇总图

如表 3.5 所示为 2010—2014 年重庆市通信设备、计算机及其他电子设备制造业工业企业利税总额和占工业企业利税百分比，从一定程度上可以反映出电子信息产业对重庆市财政收入的贡献，虽然比重不大，但绝对数值还是不小，且呈逐年上升的趋势。重庆市电子信息产业的产值已经占到生产总值的 1/3，但其利税总额占工业企业利税比仅为 2%左右，从侧面反映出重庆市对电子信息产业的关注和政策扶持。

表 3.5 重庆市电子信息产业利税汇总表

指标	2014 年	2013 年	2012 年	2011 年	2010 年
工业企业税总额/万元	22189470	17342546	12244123	11643029	10118841
通信设备、计算机及其他电子设备制造业工业企业利税总额/万元	—	464939	317378	292759	96290
占工业企业利税百分比	—	2.10%	1.83%	2.39%	0.83%

3.1.2.2 重庆市电子信息产业从业人数分析

电子信息产业属于知识密集型和技术密集型产业,需要大量的人才作保障。同时,由于产业更新换代速度快,质量要求高,需要强有力的科研基础作支撑,也需要持续稳定的资金投入应对技术革新。

如表 3.6 所示为在重庆市电子信息产业有研发活动的企业数和从事研发活动的员工人数。有研发活动的电子及通信设备制造业企业数从 2011 年到 2015 年逐年上升,而对于电子计算机及办公设备制造业,虽然计算机是重庆市电子信息产业中最核心的部分,但大部分计算机厂商都只是将工厂、生产车间等非技术部门转移到重庆,而核心部门仍未引入。针对这样的情况,重庆市在大力引进企业的同时,加大了对企业研发部门的引入,应用开发全产业链,由制造为主向研发制造一体化转变。

表 3.6 重庆市电子信息产业科学研究与试验发展(R&D)企业和人数汇总表

分类	电子及通信设备制造业					电子计算机及办公设备制造业				
	2011年	2012年	2013年	2014年	2015年	2011年	2012年	2013年	2014年	2015年
有 R&D 活动的企业数/个	7	13	18	25	40	1	1	1	1	6
R&D 人员/万人	592	776	1035	1263	1923	280	117	313	385	476
1. 全时人员	519	734	412	1005	1458	226	99	153	351	272
2. 研究人员	162	661	728	425	706	225	105	219	249	—
R&D 人员全时当量/人年	530	499	546	826	1322	210	117	313	142	160

3.1.2.3 重庆市电子信息产业园区发展情况

从 2004 年开始，国家出台政策呼吁全民共建工业化、信息化社会。指令一发出，重庆市敏锐地察觉到电子信息产业的巨大潜力和强劲发展前景，积极主动地从战略角度出发，有目的有步骤地规划重庆市电子信息产业的发展。在吸引外资、引进企业等方面积极为电子信息产业铺路搭桥，优先将电子信息产业关系密切的产业、资金引入重庆市场。重庆市电子信息产业园区如表 3.7 所示。

表 3.7 重庆市电子信息产业园区汇总表

名称	地址	成立时间	功能
西永微电子园	沙坪坝区	2005.8	集成电路产业和软件及信息服务产业
金凤电子信息产业园	九龙坡区金凤镇	2010.2	笔电产业区、石墨烯产业区、高技术产业区、2.5 产业区和城市功能区
两江新区	江北区、渝北区、北碚区部分区域	2010.6	轨道交通、电力装备、新能源汽车、国防军工、电子信息
重庆国际电子商务产业园	南岸区	2013.9	电子商务信息流、资金流、物流等，全产业链协同发展的商务服务平台
正威电子信息产业园	大足区	2016.6	集成半导体、芯片封装及制造、新材料等电子信息产业；集文化、旅游、创意等产业，以及配套正威国际集团区域总部、研发及培训中心、金融结算中心为一体的高科技产业基地

2005 年成立的西永微电子产业园区，是西部首个通过国家发改委审核的微电子产业园区，同时也是重庆市调整产业结构、优化产业布局、发展高新技术产业的重要举措之一。2010 年 2 月重庆金凤电子信息产业园成立，与其相邻的便是中国内地最大的"西永综合保税区"。随后两江新区、重庆国际电子商务产业园也相继成立。2016 年，正威集团也宣布入驻重庆市大足区，建立正威电子信息产业园。重庆市建立了分工明确、层次清晰、布局合理、各具特色的电子信息产业园区

体系，专业化园区的建立能最大限度地发挥集群优势，关联企业汇聚在一起，通过产业链中的上下游关系紧密配合，自发形成协作模式。整个产业园区围绕电子信息产业进行生产、加工、服务，产生了规模效应，打造了核心竞争力，企业在减少成本的同时也有了较强的议价能力。专业化园区的快速兴起也有利于区域经济的发展。

电子信息产业强有力地推动了重庆市工业经济增长。在产业技术结构升级、产业劳动力效率升级、产业资本结构升级、工业循环经济水平升级等方面，电子信息产业都有较大的贡献。与此同时，产业自身不断发展壮大，加强研发投入，引进高精尖技术，提高劳动力效率，倡导节能减排，优化产业结构，同时有效地带动重庆整个工业经济持续、健康、稳定的发展。

电子信息产业的发展对重庆其他产业的发展有显著的带动作用和支撑作用。电子信息产业与诸多产业有密切的关联，例如，为其提供给原材料、零配件的制造业，其生产出的产品又为制造业提供了设备、配件、技术等支持，同时电子信息产业还为金融保险业、租赁业、批发和零售贸易业提供软、硬件的系统服务。在"互联网+"的大背景下，越来越多产业的发展更加依赖电子信息产业，电子信息产业提供的配件产品、技术保障、服务支持推动着许多产业的发展。上下游关联产业的不断增多，成为保障重庆经济保持平稳增长的中坚力量。

3.1.3　重庆市经济结构的演变及现状

重庆位于东经 $105°11′\sim110°11′$、北纬 $28°10′\sim32°13′$，渝东、渝东南临湖北和湖南，渝南接贵州、渝西、渝北连四川，渝东北与陕西和湖北相连。辖区东西长 470 千米，南北宽 450 千米，幅员面积 8.24 万平方千米，其中主城建成区面积为 647.78 平方千米。

重庆位于中国内地西南部、长江上游地区，地貌以山地丘陵为主，坡地面积较大，地势由南北向长江河谷逐级降低。长江干流自西向东横贯全境，嘉陵江、乌江等都在重庆汇入长江。1997 年第八届全国人民代表大会第五次会议批准设立重庆直辖市，撤销原重庆市。

根据克拉克的学说，把产业分成第一次产业（农业）、第二次产业

（工业）、第三次产业（服务业）。重庆直辖十年以来的三次产业产值及构成见表 3.8。

表 3.8 直辖十年以来重庆产业结构与就业结构

年份	三次产业产值构成/%			三次产业就业构成/%		
	第一产业	第二产业	第三产业	第一产业	第二产业	第三产业
1997	22.6	39.7	37.7	57.6	18.3	24.1
1998	20.9	38.8	40.3	57.3	17.7	25.0
1999	19.2	38.5	42.3	56.5	17.4	26.1
2000	17.8	38.9	43.3	55.5	17.3	27.2
2001	16.7	39.0	44.3	54.3	17.5	28.2
2002	16.0	39.2	44.8	52.8	17.8	29.4
2003	14.9	40.5	44.6	51.3	18.3	30.4
2004	15.9	41.3	42.8	50.4	18.6	31.0
2005	15.1	41.0	43.9	49.3	18.9	31.8
2006	12.2	43.0	44.8	48.4	19.2	32.4

可以看出，在 1997 年时，重庆的三次产业中第二产业产值所占比例最高，但总体来看三次产业产值所占比例相差不大；1998 年第三产业产值所占比例超过了第二产业成为最高，第一产业所占比例仍然最低；2006 年仍然是第三产业产值所占比例最高，第一产业所占比例最低。从 1997 年到 2006 年，第一产业产值所占比例不断下降，第二、第三产业产值所占比例不断上升，第三产业所占比例的上升速度整体来说快于第二产业。从就业结构来看，从事第一产业的劳动力占所有劳动力的比例不断降低；从事第三产业的劳动力比例不断上升；从第一产业转移出来的劳动力主要被第三产业所吸收。

新中国成立六十年以来，重庆的产业结构发生了显著的变化，产业结构层次也得到了很大程度的提升，从建国初的农业占主导地位到改革开放前的工业初步起步，再到现如今的农业生产形势总体稳定，畜牧业生产平稳发展，工业经济转型调整，新兴制造业贡献突出，服务业发展总体平稳，新兴服务业发展势头良好。

3.1.3.1 经济稳定的基础在增强

2017年,重庆市实现地区生产总值19 500.27亿元,同比上年增长9.3%。按产业分,第一产业增加值1339.62亿元,增长4.0%;第二产业增加值8596.61亿元,增长9.5%;第三产业增加值9564.04亿元,增长9.9%;三次产业结构比为6.9:44.1:49.0。非公有制经济实现增加值11 924.69亿元,增长9.5%,占全市经济的61.2%。其中,民营经济实现增加值9832.61亿元,增长9.9%,占全市经济的50.5%。按常住人口计算,全市人均地区生产总值达到63 689元(9433美元),同比上年增长8.3%。

近年来,重庆经济从加速回落到逐步趋稳。全市GDP增速由2017年一季度的10.5%逐步放缓至四季度的9.3%,2018年一季度进一步回落至7%。但随着国家"稳增长"力度加大,重庆市采取积极措施,2018年二季度以来经济放缓幅度收窄,二季度、三季度GDP分别增长6.5%和6.3%,原来快速下行的经济运行逐步趋稳。从主要指标看,投资增长逐渐回升,外贸进出口持续走高,消费作为经济稳定器也总体保持了中高速的增长,表明重庆市的内需具有强大韧性。

3.1.3.2 发展动力在优化

"三驾马车"(投资、消费、进口)需求动力结构的平衡性在增强。2018年前三季度,消费的支撑作用在稳步增强,符合当前重庆经济逐步进入工业化、城镇化中期,由中低收入向中高收入阶段迈进的演变特征,新动力的引领性在凸显。2018年前三季度民营经济增加值占GDP比重度达到50.6%,技术供给、研发平台、创新生态建设加快,内陆开放型经济升级打造,贸易新业态蓬勃发展,实际利用外资水平实现西部领先,区域发展特色正在形成。主城片区聚焦高端智能产业培育和现代城市功能提升,渝西片区"四化"并举,工业化、城镇化快速推进,渝东北、渝东南片区产业生态化、生态产业化效果初显。

3.1.3.3 产业结构在加大调整

三次产业结构逐步优化,内部结构进一步优化;① 战略性新兴产业发展势头良好。2018年上半年,战略性新兴产业占工业产值比重达到28.8%;2018年前三季度,新能源汽车、工业机器人、智能手机、液晶显示屏等新产品产量增速超50%。②现代服务业发展亮点突出。2018年前三季度金融业增加值占GDP比重达9.7%,2017年电子商务交易额突破万亿元大关,文旅品牌影响扩大,重庆成为热点旅游城市。③农业现代化进程加快。以现代特色效益农业为核心稳步推进,家庭农场、田园综合体等新型农业模式快速发展。

3.1.3.4 消费结构在不断升级

需求升级带动消费结构升级。居民消费需求向多元化、个性化、差异化发展,消费形态由物质消费为主向服务消费为主转变,消费类型由基本生活型消费为主导向享受型、发展型、改善型消费为主导高端化升级,消费的品质、质量、档次等不断提升。

供给优化引领消费结构升级。伴随着"互联网+"与商贸服务业的深度融合,消费新业态、新模式快速发展,消费新热点不断涌现,全市网络消费保持了30%以上高速增长。

但同时,我们必须高度重视经济运行中存在的问题:一是传统产业转型升级困难,市场应对能力不足。作为我市经济支撑的众多传统支柱产业总体承压,尤其是汽车产业产销量大幅下降,实体经济和中小企业市场压力大,改造升级能力弱,融资难融资贵问题仍然突出。二是新兴产业支撑不足。新兴产业虽然增速快,但呈现点状发展,尚没有形成集群,难以成为支柱产业,亟需加大培育力度。三是营商环境有待进一步改善。办事便利化水平仍有待提升;政府服务效率还不够高,政府服务观念和职能转变还不到位;法治环境有待改善;市场准入还不够公平,民营经济发展仍受到一定制约,影响社会预期和发展信心。

当前重庆经济的运行变化,是多种因素共同作用的结果,我们既要立足当前,分析引起经济波动的短期原因,更要从经济发展历史的角度分析内在演变的趋势,顺应发展规律的要求,在稳中有变的环境下,推动演变过程中积极因素的增长。

3.2 高职院校专业设置现状

作为高等教育的"半壁江山",高等职业教育肩负着培养适应社会发展需求、既有生产能力又有服务能力的高素质技术人才和技能人才的重要使命,也应该自觉承担起服务经济发展方式转变和现代产业体系建设的时代责任。高等职业院校作为高等职业教育实施的主要的专门机构,这样的使命与责任在区域产业经济发展的过程中体现得更为突出。

专业建设直接影响人才培养的目标、规格和质量,是高职院校实现内涵式转变、健康有序发展的基础。作为中西部唯一的直辖市和国家中心城市,重庆市高职教育专业结构的设置基本适应经济发展的需要。从重庆市"十二五"规划的制定和出台,到落实国家"一带一路"、建设"长江经济带"等战略目标,短短几年,重庆市产业结构转型和调整的步伐逐步加快,以汽摩产业、化工产业和冶金产业等为主的传统优势产业不断调整和优化升级,以物联网、新能源汽车、智能机器人、高端装备制造等为支点的战略性新兴产业异军突起。"十三五"期间,重庆将继续围绕"科学发展、富民兴渝"的总任务,进一步完成经济发展方式转变和经济结构战略性调整,加快建设国家重要现代制造业基地、重要功能性金融中心、西部创新中心和内陆开放高地。在这样经济发展的大背景下,总结重庆市高等职业教育专业布局的现状,分析目前重庆高职院校专业开设与区域产业经济发展之间存在的问题,显得尤为重要。

3.2.1 重庆市高职高专院校专业结构现状

截至 2015 年 9 月,重庆市独立设置的高职高专院校共 38 所,与 2007 年相比增加 18 所院校,其中在校生 257 969 人,毕业生 73 437 人。根据教育部印发的《普通高等学校高等职业教育(专科)专业目录(2015年)》文件内容,修订后的我国高职高专专业设置主要由 19 个大类、99 个类别、748 个专业组成,重庆市整个高职高专共计 307 种招生专业,涵盖 85 个类别、19 个大类,专业种数、专业类别和专业大类覆盖率分别为 41%、85%和 100%。通过对重庆 38 所高职高专院校的招生专业调研，重庆市专业结构特点表现如下。

3.2.1.1 专业覆盖率明显增加，涵盖门类齐全

自重庆直辖以来，伴随着高职院校数目的逐年增加，专业的数量和类别覆盖率也随之增加。如表 3.9 所示，根据各大高职院校 2015 年招生专业计划统计数据显示，其招生专业种数由 2013 年的 235 个增加到 2015 年的 307 个，而专业点增加至 919 个。

从专业种数和专业点数量情况比较来看，专业设置已形成以土木建筑类、电子信息类、旅游类、财经商贸类专业为龙头的专业结构，占所在目录专业种类在 59%以上，其中土木建筑类专业覆盖率达到 87.5%。从专业点布局来看，装备制造类专业点数量最多（156 个），占专业点总数比例为 17%；其次为电子信息类专业（139 个），占比 15.1%。其他如医药卫生类专业，其专业种数从 2013 年的 13 个增加到 2015 年的 21 个，专业点从 28 个增加到 33 个。

表 3.9 2015 年重庆高职院校专业数量分布情况

专业大类	专业类别情况		目录内专业种数情况		专业点情况	
	目录专业类别数	所占数	数量/个	专业覆盖率/%	数量/个	比例/%
农林牧渔	4	4	13	25.5	16	1.7
资源环境与安全	9	7	18	27.3	29	3.2
能源动力与材料	7	4	17	34.7	24	2.6
土木建筑	7	7	28	87.5	116	12.6
水利	4	4	11	68.8	13	1.4
装备制造	7	6	29	44.6	156	17.0
生物与化工	2	2	8	47.1	18	2.0
轻工纺织	4	4	5	15.6	10	1.1
食品药品与粮食	5	3	7	38.9	12	1.3

续表

专业大类	专业类别情况		目录内专业种数情况		专业点情况	
	目录专业类别数	所占数	数量/个	专业覆盖率/%	数量/个	比例/%
交通运输	7	5	22	33.3	42	4.6
电子信息	3	3	27	67.5	132	14.4
医药卫生	8	8	21	45.7	33	3.6
财经商贸	9	9	28	59.6	139	15.1
旅游	3	3	8	66.7	36	3.9
文化艺术	4	4	24	41.4	75	8.2
新闻传播	2	2	11	47.8	19	2.1
教育与体育	4	4	17	34.7	29	3.2
公安与司法	7	2	2	4.8	2	0.2
公共管理与服务	3	3	11	57.9	18	2.0
总计	99	84	307	41.0	919	100

注：本表以 2015 年最新高职高专专业目录为依据，目录内消退专业不计入统计范围，如几个专业合并以目录合并专业为统计口径。

3.2.1.2 专业整体实力明显提高，一批服务地方特色专业逐步形成

围绕"6+1"支柱产业、十大战略性新兴制造业、五大战略性新兴服务业的战略目标，以重庆市区域产业结构的优化调整、劳动力市场的需求为基础，结合重庆市各学院自身的办学定位和特色，重庆市有针对性地打造了一批重点、特色专业群，专业实力明显提高，有力推动了区域经济发展。如表3.10所示，以表内的3所国家示范高职院校和3所国家骨干高职院校为例，包括汽车检测与维修技术、机电一体化技术在内的21个专业获批中央财政重点投入建设专业，着力建成以机械设备、汽车制造、电子信息类为中心的重点专业群。另外，重庆工业职业技术学院、重庆电子工程职业学院利用校企合作培养平台，

积极与重庆龙头企业（如长安集团、嘉陵集团、力帆集团等）合作开设汽车服务类等专业，有针对性地培养了一批符合岗位要求的高技能人才，既符合重庆主流行业发展的特点，又有力地助推了专业的内涵质量建设，为整体水平的提升奠定了坚实的基础。

表 3.10　重庆市国家示范高职院校、骨干高职院校重点专业建设情况

建设类别	学校名称	中央财政重点建设专业	所属专业大类
国家示范高职院校	重庆工业职业技术学院	模具设计与制造	装备制造
		汽车检测与维修技术	装备制造
		数控技术	装备制造
		电气自动化	装备制造
	重庆工程职业技术学院	煤矿开采技术	资源环境与安全
		工程测量技术	资源环境与安全
		建筑工程技术	土木建筑
		机电一体化技术	装备制造
	重庆电子工程职业学院	信息安全与管理	电子信息
		通信技术	电子信息
		微电子技术	电子信息
国家骨干高职院校	重庆电力高等专科学校	供用电技术	能源动力与材料
		电厂热工自动化技术	能源动力与材料
		电力系统继电保护与自动化技术	能源动力与材料
	重庆城市管理职业学院	社会工作	公共管理与服务
		社区康复	公共管理与服务
	重庆工商职业学院	物流管理	财经商贸
		物联网应用技术	电子信息
		影视动画	广播影视
		环境艺术设计	文化艺术
		市场营销	财经商贸

注：根据 2015 年高职高专专业目录内容，重庆电子工程职业学院原"信息安全技术"专业合并为"信息安全与管理"专业；重庆电力高等专科学校原"工业热工控制技术"专业合并为"电厂热工自动化技术"专业，"电力系统继电保护与自动化"专业更名为"电力系统继电保护与自动化技术"专业。

3.2.1.3 专业分布以第三产业为主体，贴近现代产业需求

按照产业划分标准，土木建筑、财经商贸、电子信息等几大类主体专业中，除装备制造类、土建类和部分电子信息类专业属于第二产业专业外，财经类专业和大部分电子信息类专业均属于第三产业。专业分布点在 10 个及以上的专业中，除建筑工程技术、工程造价、建设工程管理、机电一体化技术、汽车检测与维修技术 5 种专业外，其他 12 个专业均包含在第三产业目录下。其中，电子信息类专业分布点占比达 30%，财经商贸专业大类下的报关与国际货运、会计、物流管理、电子商务 4 大热门专业的分布点数量均超过 10 个。此外，随着国内消费水平的提高，旅游经济蓬勃发展，更是推动了酒店管理、旅游管理等一批热门服务类专业的扩招和发展。

3.2.2 重庆市高职专业设置中存在的问题

随着重庆市"十三五"规划开始实施，社会经济发展将面临新的机遇和挑战。社会与经济发展的新目标，对人才需求的数量和类型，均提出了新的更高的要求。作为为区域经济发展培养高技能人才的高职院校，在专业设置上是否能与区域产业经济发展相契合，是否能符合市场需要，为区域经济的发展提供可靠的人力资源保障，进而推动区域经济的快速发展，既关系到重庆"十三五"规划的有效实施，也关系到各院校自身的生存与发展。通过对现状的分析，重庆市高职院校在专业设置上主要存在以下几方面的问题。

3.2.2.1 专业布局两极化程度明显

"十二五"期间，重庆三次产业的发展均呈现良好态势，尤其第二、三产业的发展相对平衡。单从各高职院校在三次产业的专业设置数量及所占比例来看，与重庆社会经济发展的基本结构是相契合的，但深入分析具体专业布点情况不难发现，重庆市高职院校专业设置的两极化程度非常明显，专业布局不尽合理，部分专业设置过于集中。

目前设置的 365 个专业中,布点数在 3 个及 3 个以下的专业有 281 个，占比 76.99%（其中布点数为 1 的 178 个，占比 48.77%；布点数为

2 的 70 个，占比 19.18%；布点数为 3 的 33 个，占比 9.04%）；布点数在 4～9 个之间的有 67 个，占比 18.36%；布点数在 10 个及以上的有 17 个，占比 4.66%。

3.2.2.2 专业论证不充分，整体规划欠缺

"十三五"期间，重庆将在巩固和扩大原有支柱产业的同时，以集群化、智能化发展为基本路径，培育新材料、新能源、生物医药等战略性新兴产业，形成新的主导产业，打造以高端制造业为代表的战略性新兴产业集聚中心。可见，与支柱产业和战略性新兴产业相关的专业具有很好的发展前景。比较 2016 年与 2015 年重庆市专业设置可以发现，2016 年重庆高职院校布点数增加的专业涉及 10 个专业大类的 25 个具体专业，布点增加值共计 29 个，以土建类专业增加点数最多，如表 3.11 所示。由此说明，各高职院校在部分专业设置过程中，仍缺乏严格的科学论证和市场调研，专业增设缺乏与市场需求的适应性和针对性，在一定程度上带有盲目性、随意性和粗放性，其市场利益化倾向仍比较明显，从而导致专业的同质化情况严重，专业特色不明显，带动效应不强，不利于院校专业建设的整体规划和可持续发展，也不利于区域产业经济的良性发展。

表 3.11 2015—2016 年重庆市专业布点增加情况表

序号	专业类别名称	布点增值/个
1	土建大类	8
2	财经大类	4
3	制造大类	4
4	交通运输大类	3
5	旅游大类	3
6	电子信息大类	2
7	公共事业大类	2
8	环保、气象与安全大类	1
9	水利大类	1
10	艺术设计传媒大类	1
总计		29

3.2.2.3 专业特色不鲜明，专业调整力度不够

各院校由于受建设经费、师资条件等客观条件及办学定位、办学目标等主观因素的制约和影响，在专业的设置、调整与改革上，缺乏积极性、主动性和前瞻性。各院校每年新增设专业主要以低成本专业为主，专业优化与改革中仍存在换名称不换内容的表面化调整现象，增加设置新兴产业所对应的专业的院校可谓凤毛麟角，专业设置与调整往往不能完全适应区域产业发展的新常态，致使专业特色不够明显。

总之，"十三五"期间，在重庆加快建设国家重要现代制造业基地，进一步提升服务业比重，经济发展方式转变和经济结构战略性调整深入开展的关键时期，作为市场经济的调节主体和地方高等职业院校的管理者，地方政府需要认清各院校当前专业设置与地方经济发展之间存在的矛盾，充分发挥其在高职院校中的宏观调控和引导作用。作为高等职业教育的间接受益者的企业用人单位，也应认识到目前校企协同发展中职业院校专业建设所面临的主要问题，从互相依存、共同发展的关系出发，协助职业院校实施专业设置的科学调研、全面分析和精准定位。而作为通过培养高端技能型专门人才、提供技术培训和服务来满足区域经济发展对人力资本需要的高职院校，更应该认清自身在专业设置中存在的问题，积极主动的深入开展社会调研，深化专业结构的优化与调整改革，为区域经济发展提供强大的人才动力。

3.2.3 加强专业内涵式发展的建议与措施

面对新形势，高职院校的专业设置必须走数量扩张与质量提高相互协调的发展道路。专业建设作为教学改革的切入点，是高职院校办学特色的集中体现和人才培养的质量保证，加强专业建设是重庆高职教育可持续发展的客观选择。

（1）加强宏观调控和管理，提供科学和规范的指导。

政府及教育主管部门应该利用行政职权和职能加强对本地区内专业设置的政策导向和宏观管理，建立健全专业动态调控和预警退出机制。具体而言，一是结合重庆市产业发展规划和政府倾斜性政策指导，充分调研本地区的专业需求状况，及时向高职院校提供准确、可靠的

信息保障，有助于高职院校做好人才需求预测工作，进而科学地进行专业设置。二是主管部门要严格管控高职院校新申报专业，以市场人才缺口为基础，结合申报院校的办学层次、类型、发展规模、专业结构现状等条件，严格审查新专业的申报。对于审批通过的招生专业，要加强检查与督导，建立质量监控体系，全程监管专业建设的各个环节。对于长期存在招生数量少、教学管理落后、毕业生就业困难等问题的专业，应实施预警退出机制。

（2）专业设置与调整要符合高职院校的办学定位。

办学定位是关系到高职院校长远发展的战略性问题，学校的办学定位决定着专业建设的发展方向与发展策略。专业是学校的基本架构，每个专业对学校整体发展的作用、贡献与专业所处的建设阶段是不同的。哪些专业应优先发展，哪些专业应重点扶持，如何进行专业调整与布局，一个重要的决策依据就是判断其是否与办学定位相一致。各个专业的建设方向、建设目标、建设过程都应围绕并突出学校的办学定位。

遵循"长效发展、合理规划"的原则，在专业设置和规划的时候，要认清发展形势，既要保证所设专业能及时满足地方经济社会发展的需要，又要在对地方经济现状及整体走向进行深入思考后进行合理定位，做出符合内在发展规律的安排和取舍。对于就业压力较大且重复率高的专业，应适当缩减其专业规模的发展，对于人才紧缺的农业、交通运输、生态环境等专业，应适当根据条件扩大规模，达到专业的均衡和良性发展。

（3）求质求优，加强特色专业群建设。

所谓"求质求优"，即高职院校应立足办学优势和特色，以特色重点专业为基础，打造一批特色专业并形成特色专业群，根据各大高职院校特色优势，形成优势互补、互通有无的整体特色专业群网，充分发挥辐射作用。以重庆文化艺术职业学院的民族文化类专业群建设为例，应紧贴国家文化新兴产业发展和推进民族文化传承与创新的战略布局，结合艺术职业院校自身优势和区域文化资源，重点打造一批戏曲表演、民间传统工艺、民族工艺品制作等民族文化艺术专业群，凸显"人无我有、人有我精"的专业特色。

（4）求新求变，提高专业的前瞻性和适应性。

所谓的"求新求变"，就是杜绝原地踏步式的专业发展，需要不断地结合新的职业和岗位需求，紧跟科学信息技术的发展步伐，做到专业发展与时俱进。这就要求高职高专院校时刻与科技发展的前沿接轨，把握技术进步的走向，围绕重庆市"6+1"支柱产业，十大战略性新兴产业集群，将行业、企业技术发展有效地与高职专业建设紧密衔接，将新技术、新工艺、新管理模式融入到现有的专业中，在推动一批装备制造、能源动力与材料等传统专业的高端升级的基础之上，积极发展云计算、工业机器人及3D打印、航空制造、健康服务等前沿专业，为专业建设的良性循环提供有力的支撑。

（5）专业设置与调整要建立科学、灵活的专业评估和调整机制。

高职院校要建立一套适合自身特点的专业发展评估与调整机制，并定期对所设置专业开展质量认证和评估。在新设专业招生一年后，组织实施专业办学基本条件合格评估；在新设专业首届学生进入毕业学年时，组织实施人才培养合格评估。评估结论将作为新设专业继续招生、限制招生或暂停招生的依据。如果设置的专业在教育教学过程中出现办学条件严重不足、培养质量低下、就业率过低等情况，应责令相关专业限期整改，并根据情况相应调减其招生计划直至停止招生。对于那些与就业市场脱节、知识更新落伍、人力资源过剩的专业应及时进行调整，尽量利用现有资源弥补其发展的不足，如确实存在无法协调的瓶颈问题，可视情况采取削减其招生指标直至停止招生。

第四章

基于信息安全专业群与产业链双向融合的课程体系与人才培养模式

4.1 产业链对接专业群，市场岗位需求导向岗位技术技能

4.1.1 信息安全产业链与专业群

信息安全是涉及计算机科学、网络技术、通信技术、密码技术、信息论等多学科的综合性学科，同时信息安全产业又是重庆大数据智能化新一代信息技术产业的典型代表，以信息安全产业链为抓手来剖析现代信息技术产业集群具有典型和现实意义。依据《2017—2022年中国信息安全行业市场发展现状及投资决策分析报告》，我们理出信息安全上、中、下游所构成的典型产业链，如图 4.1 所示。

4.1.2 "产业—技术"对应分析，实现产业链和专业群有效对接

基于信息安全上、中、下产业链和涵盖岗位域的分析，我们将相关岗位所对应的技术域归类，形成计算机网络技术、软件技术等 5 个核心技术元素组成的"技术域"；"技术域"中每个技术元素分别对应 5 个专业，形成专业群，如图 4.1 所示。上游是软硬件基础性产业，下游是应用行业。产业链的上游和下游主要涵盖软件技术、计算机网络技术、移动互联应用技术、大数据技术与应用等专业技术领域；产业链中游主要聚焦信息安全与管理专业技术，由此形成集软件技术、计算机网络技术、移动互联应用技术和大数据技术与应用为主体，以信息安全与管理为龙头的专业群结构，有效对接产业链。

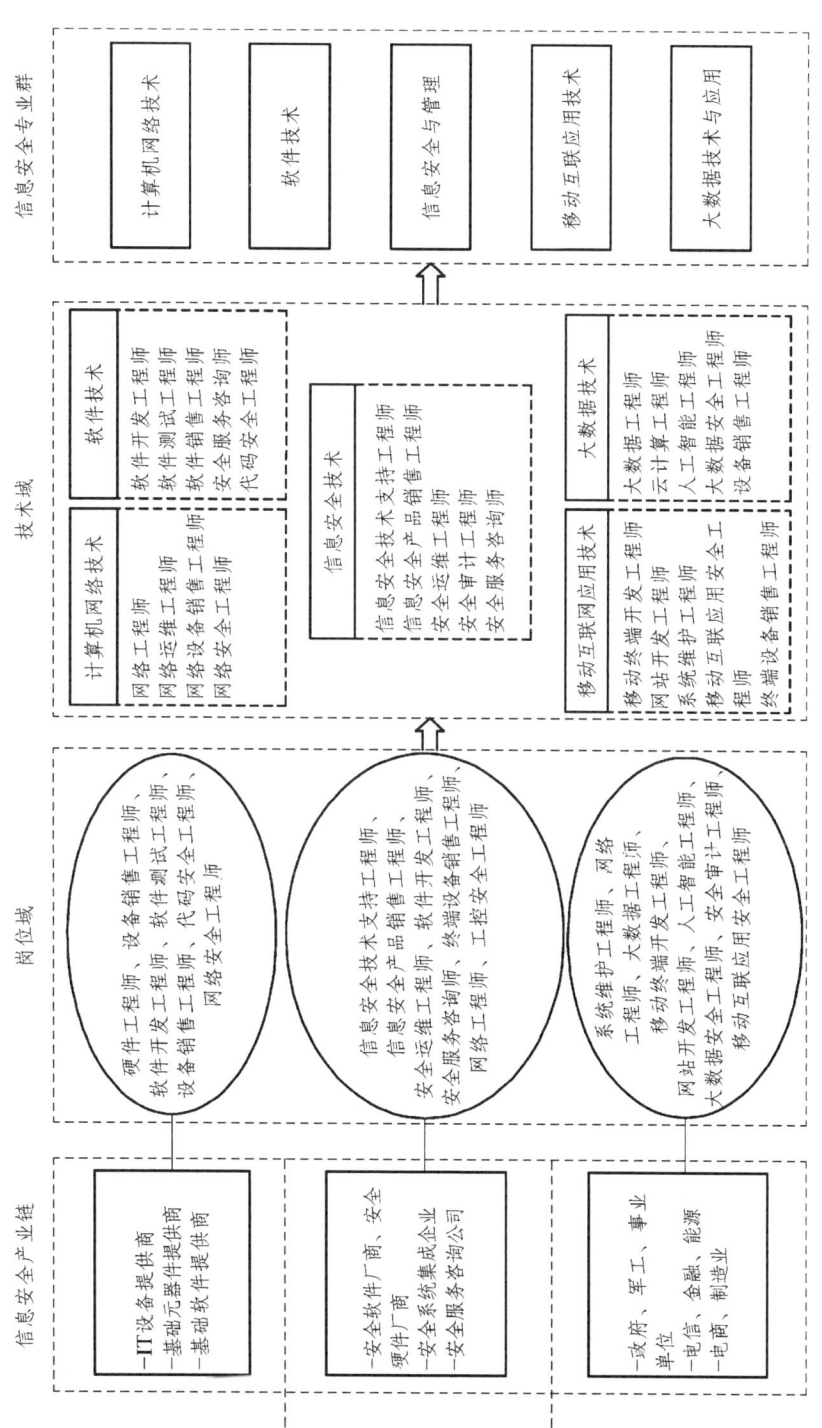

图 4.1 信息安全产业链和专业群岗位分析

4.2 信息安全专业群人才培养定位,岗位技能导向人才培养新模式课程开发

面向新一代信息技术产业集群,依托信息安全产业为核心的产业链,按产业链上中下游顺序梳理出 24 个核心岗位,转化为专业群课程模块体系。通过专业方向模块化课程多元组合选修,不仅可以培养计算机网络工程师、软件技术工程师、信息安全工程师、移动互联网工程师和大数据工程师 5 个岗位方向人才,还可以培养大数据安全、移动互联网安全、软件编码安全和网络安全等多方向复合型创新人才。

此外,通识拓展模块和专业拓展模块选修相结合,全力培养思想政治坚定、具有人文和艺术修养、具有团队协作精神、德智体美劳全面发展的高素质技术技能型创新人才。

在教育部和劳动部的倡导下,自 2001 年起,国内职教界的很多专家、学者在学习借鉴国际职业教育经验的基础上,充分考虑中国国情,体现中国特色,提出了具有我国职业教育特色的基于岗位能力导向的"典型工作任务系统化课程"开发方法与课程模式。它们之间的相互配合,旨在落实课程模式的理念、培养目标、专业课程体系结构和专业课程类型特点等要素,指导专业人才培养的规范设计和课程开发。

该课程模式和开发方法具有下列主要特征:

(1)岗位技能导向。

专业以岗位技能为导向,不仅要求毕业生具有能适应工作岗位的能力,还要求学生具有岗位工作能力,并给出岗位能力的内涵模型。同时,由于我国幅员辽阔,经济发展的不平衡性较强,对职业岗位的从业要求各有不同,专业可以依据经济社会发展实际情况以及对职业岗位的不同要求,调整模型内涵以及职业适应力和岗位能力之间的比重,使其更适应当地经济社会发展状态。

(2)职业分析具有新特点。

该开发方法以职业分析为出发点,但又与以往首先从职业岗位要求中提取知识点和技能点、容易把知识点和技能点割裂开来的传统中外职业分析方法不同;同时,针对德国提出的基于典型工作任务的职业分析方法,对其容易忽视相对系统的知识和基本技能学习的弊端进

行了改进；此外提出将两者结合起来，先从职业岗位要求中整体性提取典型工作任务，再从中分析出所需的相对系统的知识和基本技能。

（3）提出专业课程体系的基本结构。

该课程模式认为高职专业课程体系可遵循三类基本结构，分别称为高职专业课程体系结构Ⅰ、Ⅱ和Ⅲ。这三个基本结构成为指导高职专业人才培养规范设计，尤其是教学计划制订的重要依据。

（4）提出科目课程的三种基本类型。

该课程模式认为高职专业课程可分为三种基本类型，分别为相对系统的专业知识性课程、基本技术技能的训练实践课程、理论—实践一体化的学习领域课程。这三种基本类型可指导每一门课程的设计。

（5）把获取职业证书融入课程设计，试行"1+X"。

该课程模式坚持"双证书"的基本思想，把中国高等教育中传统的学历证书（大专）与国际职业教育通常颁发职业资格证书的做法结合起来，落实于课程设计中，这样既利于学生的就业，又利于他们今后的学习深造。

（6）提出各按步伐、共同前进的课程开发实施方针。

该课程模式坚持各按步伐、共同前进的课程开发实施方针，依据区域或行业经济社会发展实际对人才的不同要求，以及学校教学建设基本能力不同的现状，实事求是地进行课程开发，充分体现了实施的灵活性。

（7）借鉴国际先进职业教育的思想，适应国情，体现中国特色。

国家的经济社会发展状态决定了教育结构，一些发达国家由于职业教育发展较早，教育理念相对先进，我国高等职业教育发展需要以开放的姿态，学习借鉴他们的先进经验。另一方面，我国的文化历史传统不同，往往又影响到职业教育特点的形成。基于以上原因，这里提出的岗位能力导向的"典型工作任务支撑系统化课程"的课程模式和开发方法是在借鉴国际先进职业教育思想的基础上，充分考虑中国国情，体现中国特色的课程模式和开发方法。岗位能力模型如图 4.2 所示。

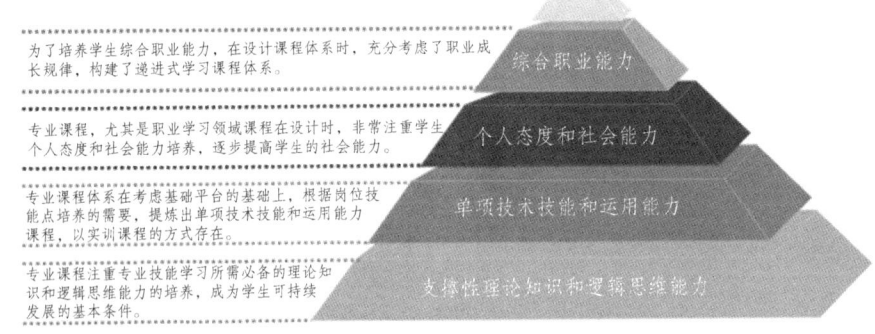

图 4.2 岗位能力模型

岗位能力导向的典型工作任务开发方法，是在分析发达国家信息化技术推动经济发展、改变职业岗位劳动形态、出现设计导向的职业教育理念及创新课程开发方法的基础上，考虑到我国经济社会的发展现状，在东部沿海部分发达地区先进行业和企业已经接近或达到国际先进水平的实际情况背景下提出的。这一先进职业教育理念，适应了中国经济社会发展和教育国情。同时，该课程模式和开发方法也充分考虑到我国经济社会和教育发展的不平衡性，提出了灵活实施的原则和各按步伐、共同前进的方针。

4.2.1 "联盟制、项目制、导师制"的创新型人才培养新模式

党的十九大报告指出，"完善职业教育和培训体系，深化产教融合、校企合作。"校企"双主体"共建协同创新平台，共同担负起创新型人才培养的职责，实施协同育人、协同创新，是当前许多高校实现可持续发展的路径选择。

重庆电子工程职业学院通过创建电子信息类专业校企联盟等组织，在政府主管部门支持下，吸收华为、中兴、浪潮集团等 117 家电子信息类知名企业加盟，并先后与华为、启明星辰信息股份公司、中科院重庆绿色智能研究院等 37 家企业深入开展校企合作，共同创建机器人等 11 个生产性实训基地、现代学徒制等 16 个校外基地、云计算等 4 个工程中心、嵌入式等 17 个创新工作室、慧居智能企业等 9 个校内研发中心、信息安全等 3 个应用技术研究所。

该校依托联盟组建的"协同创新平台",共同开发人才培养方案,共同开发课程,共同开发创新项目,为创新型人才培养提供了条件保障。同时,该平台为企业提供了 183 项技术服务,校企同步发展,推动校企"双主体"协同创新得以落实。经过多年探索和实践,提出了"联盟制、项目制、导师制"的创新型人才培养新模式,并在全国 300 多所职业院校推广和实践,取得了明显成效。

该模式内涵为:校企共同搭建"协同创新平台",营造创新实践环境,建立协同育人机制,形成"联盟制";利用合作企业提供的真实项目资源,驱动学生创新,有效提高学生的创新实践能力,形成"项目制";实施"导师"负责制,提升创新实践指导水平,形成"导师制"。"联盟制"培育和支撑了"导师制","联盟制"和"导师制"共同保障了"项目制"的实施,营造了创新型人才成长的生态系统,形成基于"联盟制、项目制、导师制"的创新型人才培养新模式,最终达到协同培养创新型人才的目的,如图 4.3 所示。

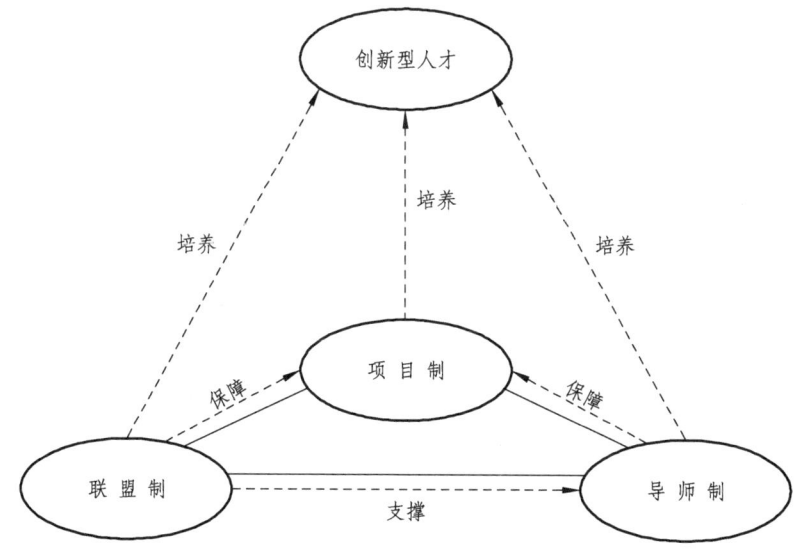

图 4.3 "联盟制、项目制、导师制"创新型人才培养模式

"项目制"着力解决创新能力难提升的问题。该模式中的"项目"分为学习型项目、技术服务项目和科研项目三种类型。学生在第一至四学期实施学习型项目,在第五至六学期实施技术服务项目,同时学

校遴选技术较好的学生实施科研项目,进行项目分析、项目设计、项目实施、项目验收等环节,使得学生逐渐从技术新手到技术熟手,再到技术能手。"项目制"为创新型人才培养提供引擎和载体,解决创新能力培养"说教多、实战少",能力培养不深入,创新能力难提升的问题。

"导师制"着力解决创新人才难管理的问题。学校以项目为载体,按学习型项目、技术服务项目和科研项目的特点,分别实施"导学""导做"和"导研"活动。项目实施过程中,导师指导学生参与创新实践活动,训练学生发现问题、思考问题和解决问题的科学素养,培养学生创新意识、创新思维和创新能力。"导师制"为创新型人才的培养提供了有力抓手。8年来,重庆电子工程职业学院仅计算机学院参与科研项目的学生就有1 625人,培养技术拔尖人才692人。

该创新人才培养模式在该校14个专业中应用、25个专业中推广,取得31项国家级和56项省部级标志性成果,培养了6 000余名具有创新意识和创新能力的计算机类技术技能人才,获得政府、行业、企业和社会的广泛认同,在全国高职其他专业也具有较高推广价值。

4.2.2 产业链对应典型工作任务支撑平台系统化课程体系构架

4.2.2.1 产业链背景下典型工作任务支撑平台系统化课程体系构建原则

依据信息安全行业岗位能力导向的典型工作任务的主导思想搭建人才培养规范构架,将主导思想融于构架之中,使主导思想得以体现和实施。构架处于中国的教育教学环境中,包含学习领域课程和学习领域支撑平台课程两类课程。学习领域课程的任务是保持学习领域课程本质,培养学生的岗位能力。学习领域支撑平台课程的主要任务是支撑学习领域课程,继承已有的改革成果,与新的设计思想相融合,与学习领域课程共同构成新的课程系统。

4.2.2.2 产业典型工作任务系统化课程体系构架的结构内涵

该构架分为学习领域课程和学习领域支撑平台课程两大部分,简要说明如下:

（1）学习领域课程

基于信息安全行业典型工作任务，根据职业成长过程排序。学生能学习典型工作任务性知识，能设计、组织工作任务，解决实际问题，学习新知识，获得反思性的工作经验并能将其上升为理论，将理论与实践一体化。学习领域课程以培养职业核心能力、体现职业竞争为主来制定课程模块。

（2）学习领域支撑平台课程

学习领域支撑平台课程简称支撑平台课程，主要由两部分组成：一是职业领域公共课程；二是为完成典型工作任务必需的理论、知识、技术和技能课程，以及职业资格、行业资格证书课程。

① 职业领域公共课程指为培养学生通用能力而设置的课程，如思想道德修养与法律基础、毛泽东思想、邓小平理论、"三个代表"重要思想、科学发展观、习近平新时代中国特色社会主义思想、英语、高等数学、体育等。

② 为完成典型工作任务必需的理论、知识、技术和技能课程，以及职业资格、行业资格证书课程，主要完成职业基本能力和职业核心能力的培养。针对计算机领域的专业特点，可把专业大体分为两类：以技能为主的专业和技术含量较高的专业。这两类专业对职业基本能力和核心能力的要求不同，培养方式也有所不同。本书把以技能为主的专业对应的课程称为"技术技能平台课程"，而把以技术为主的专业对应的课程称为"链路平台课程"。

技能平台课程：以高技能为主的专业，要求从业人员具有精湛的技能才能完成工作任务。典型工作任务所需的基础理论知识和基本技术技能具有一定的系统性，形成基础理论知识和基本技术技能平台课程结构。

链路平台课程：以基本技术为主要支撑的专业，典型工作任务中的基本技术要求比较清晰，蕴涵的理论、知识和技术相关性较强，且具有一定的系统性，形成技术链路式的平台课程结构。

4.2.2.3 典型工作任务支撑平台系统化课程体系构架类型

根据教育部高职高专电子信息类教学指导委员会立项的基于30多

个学习领域课程体系结构开发试点课题的结题报告，我们从中国国情出发，以基于典型工作任务的学习领域课程开发为主导，按照开发规范设计，以典型工作任务分析为基础，根据工作任务过程的完整性、难易程度和相关性，按照 4 个逐步提高的学习难度，明确每一门学习领域课程在课程体系中的地位，同时在考虑了相对系统的理论知识和熟练的单项技术技能支撑的前提下，得出 3 种典型的**专业课程体系结构**，以实现课程模块雏形。

（1）专业课程体系的典型结构 I

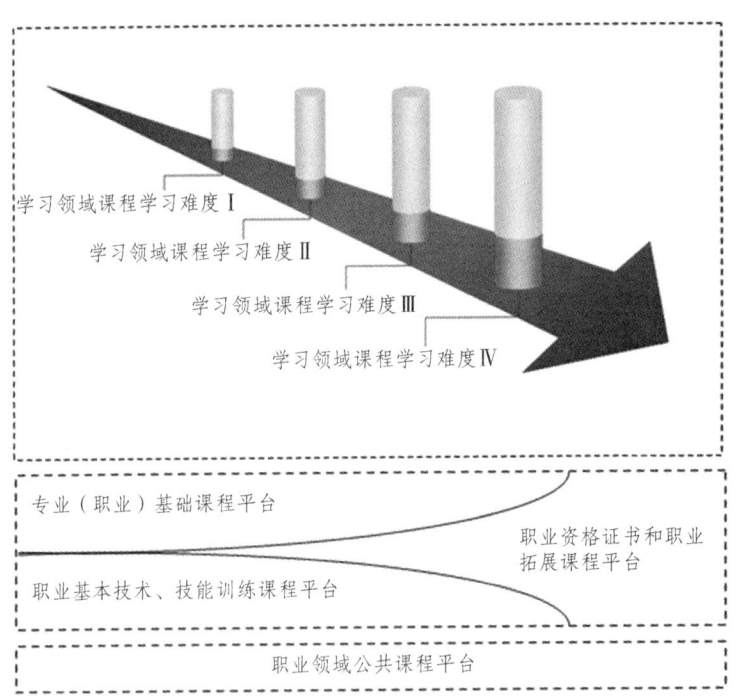

图 4.4　专业课程体系典型结构 I

专业课程体系的典型结构 I 如图 4.4 所示。本结构中支撑学习领域课程的系统性课程平台除了职业领域公共课程平台外，还有职业资格或职业拓展课程平台、专业（职业）基础课程平台和职业基本技术、技能训练课程平台综合而成的基础平台，从而形成在现实条件下能够实施的教学方案和教学计划。本结构适用于学习领域课程与系统性支撑课程之间没有密切相关性的职业（专业），也就是指学习领域课程在教学实施时涉及的知识、技能，虽然建立在系统性支撑课程上，但其自成体系，与系统性支撑课程在教学时间和学科内容上没有强烈的关联。

（2）专业课程体系典型结构Ⅱ

专业课程体系典型结构Ⅱ由职业领域公共课程平台、职业资格证书和职业拓展课程平台、职业专业基础课程平台（职业基本技术、技能训练平台）和学习领域课程 4 部分。如图 4.5 所示，本结构当前的教育环境和教学条件，同时为了保证学生多元发展和可持续发展的能力，通过职业领域公共课程平台、职业资格证书和职业拓展课程平台，以及专业（职业）基础课程和职业基本技术、技能训练课程平台这三个平台支撑学习领域课程。

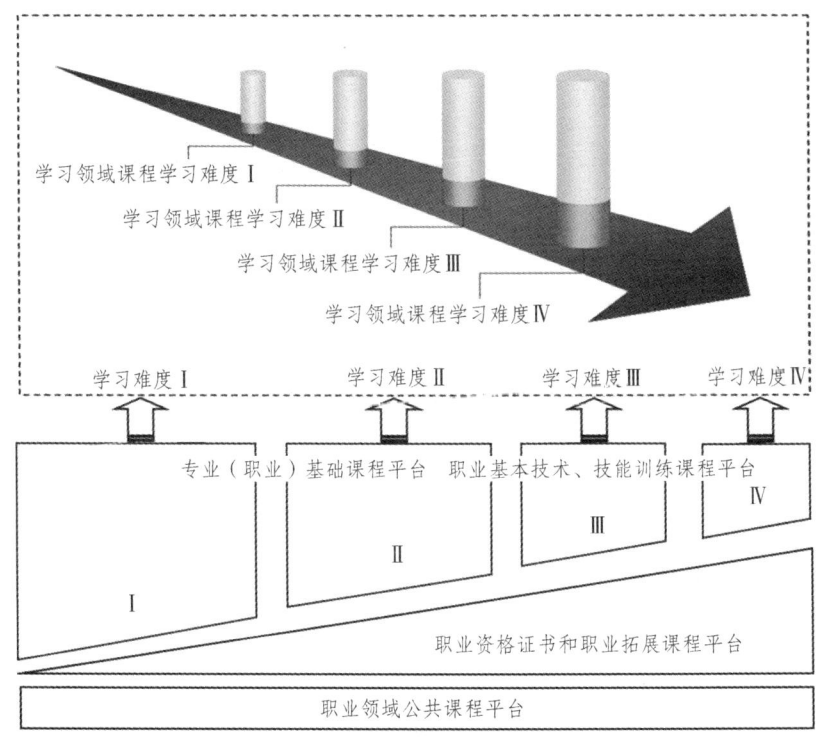

图 4.5　专业课程体系典型结构Ⅱ

本结构适用于学习领域课程与系统性支撑课程中专业（职业）基础课程平台和职业基本技术、技能训练课程平台之间有密切联系的职业（专业），也就是各难度级别的学习领域课程在教学实施时，涉及的知识、技能不仅建立在系统性支撑课程上,而且系统性支撑课程之间也有难度的递进关系,学习领域课程与系统性支撑课程在教学时间点和学科内容上有强烈的关联。

(3)专业课程体系典型结构Ⅲ

专业课程体系的典型结构Ⅲ适用于学习领域课程与系统性支撑课程有紧密相关性的职业(专业),而且该职业(专业)具有明确的核心技术,且在学习过程中需要阶段性的支持,如图 4.6 所示。

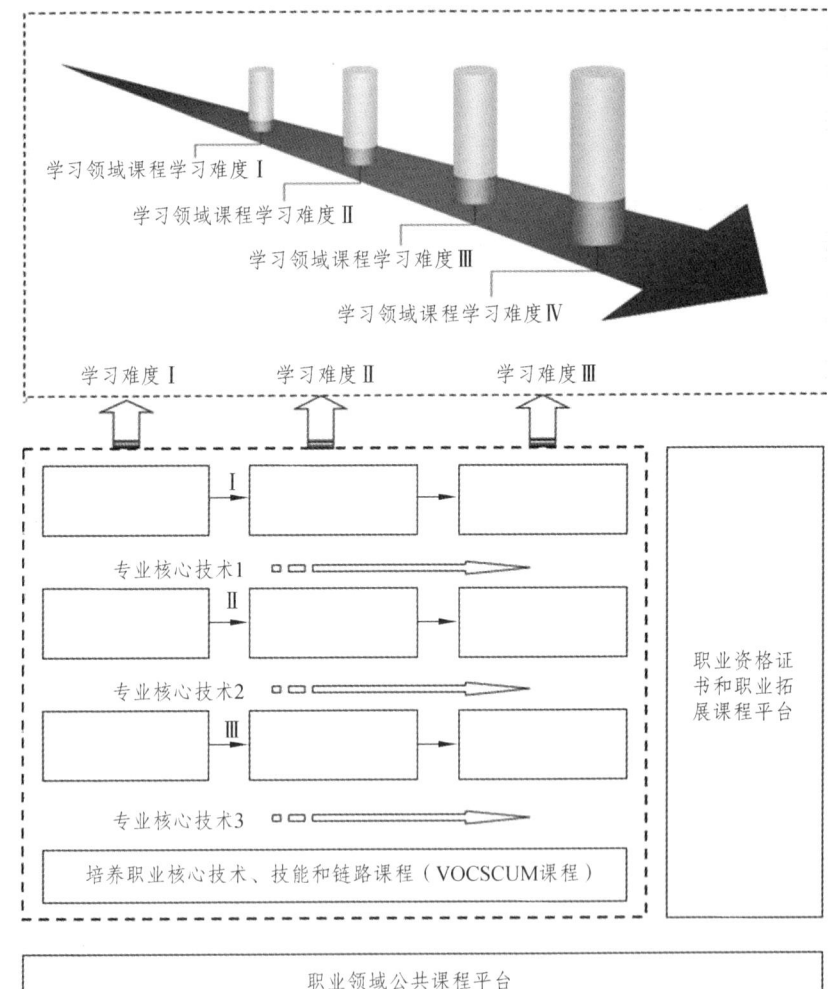

图 4.6 专业课程体系典型结构Ⅲ

4.2.3　产业—技术下的典型工作任务支撑平台人才培养规范开发流程

在产业对应技能技术的前提下，岗位能力导向的典型工作任务支撑平台人才培养规范开发过程以现代职业工作整体化分析和描述为基础，通过校企合作、产业调研，对职业的典型工作任务进行分析，得出对应岗位技能，从而转化为学校领域课程，并设计出学习领域课程教学计划和支撑平台课程教学计划，从而制定专业的完整教学计划和课程教学大纲，为培养方案的实施提供系统设计依据。

4.2.3.1　专业课程体系典型结构Ⅰ开发流程

根据专业性质的不同，可以选择不同的流程走向。由于篇幅的关系，本书主要讨论专业课程体系典型结构Ⅰ和专业课程体系典型结构Ⅱ的开发流程。对于学习领域课程与系统性支撑课程之间没有密切相关性的职业（专业），也就是学习领域课程在教学实施时涉及的知识、技能虽然建立在系统性支撑课程上，但其自成体系，与系统性支撑课程在教学时间和学科内容上没有强烈的关联，则选用专业课程体系典型结构Ⅰ，如图 4.7 所示；如果是以高技能为主的专业，职业岗位所需要的基础理论知识和基本技术技能显现一定的系统性，则选用专业课程体系典型结构Ⅱ；如果是以基本技术为主要支撑的专业，典型工作任务中蕴涵的理论、知识和技术的相关性较强，具有一定的系统性，则选用专业课程体系典型结构Ⅲ。

4.2.3.2　课程体系构架Ⅱ开发流程

在如图 4.7 所示的流程第 1 步确定专业的培养目标后，分析判断职业岗位的工作性质，如果是以基本技术为主要支撑的专业，则选择流程走向①，如图 4.8 所示。

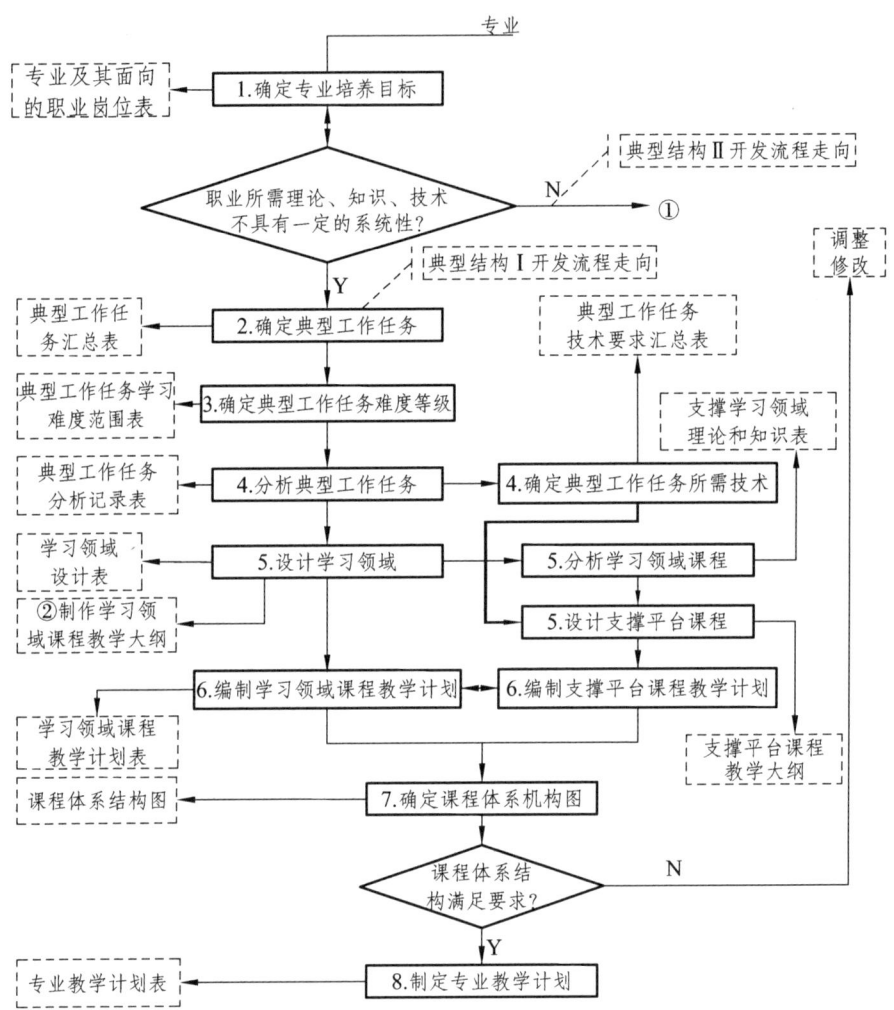

图 4.7 专业课程体系典型结构 I 的开发流程

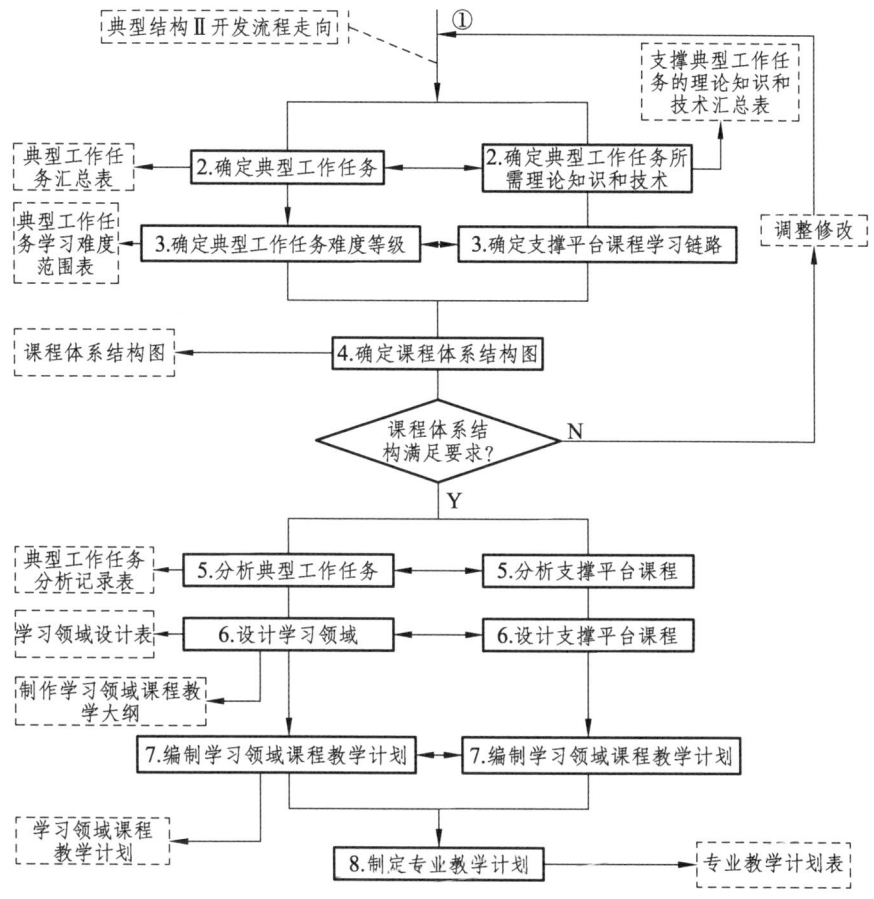

图 4.8 专业课程体系典型结构Ⅱ的开发流程

4.3 重庆电子工程职业学院信息安全专业课程开发规范

4.3.1 专业课程开发概况

依据信息安全岗位能力导向的典型工作任务支撑平台系统化课程体系的开发特点，重庆电子工程职业学院开发出基于职业能力系统化和工作任务的信息安全与管理专业人才培养规范。

4.3.1.1 专业课程类型说明

1. A 类课程：相对系统的专业知识性课程

A 类课程是从典型工作任务中提取知识点并对其进行分析，将与典型工作任务完全相关的知识点放入学习领域课程（C 类课程），然后将其它知识点按知识的学科体系归纳整合，形成相对系统的专业知识性课程。在每门课程的设置中，应以与典型工作任务相关性强的知识点为重点，旨在扎实掌握技术、方法、规范等直接支撑职业工作的知识，而对于基础性理论知识在保持相对的系统性的基础上以够用为度，共同组成新的课程内容体系。

2. B 类课程：基本技术技能的训练性实践课程

从典型工作任务中提取技能点并对其进行分析，将不属于完成整体性工作任务、但又对完成整体性工作任务构成支持的基础性技能点剥离出来，并按行业规范进行适当归纳整理（将整理后规范化的技能点称为基本技术技能），然后结合行业规范要求给出训练标准，并依此设计的训练性课程称为基本技术技能的训练性实践课程。

对于 B 类课程，有几种分类情况：

（1）独立开课：基本技术技能的训练性实践课程可以独立设置，如电工实训。

（2）集中开课（A 类课程+B 类课程）：可以在相对系统的专业知识性课程（A 类课程）后集中开设基本技术技能的训练性实践课程（B 类课程）。这类课程主要以技术、方法为主要内容，如数据库技术（A 类课程）+数据库整周实训（B 类课程）。

3. C 类课程：综合职业能力课程

C 类课程是实践理论一体化的学习领域课程。它是基于典型工作任务并以典型工作任务为载体，按学习领域课程设计方法，从典型工作任务直接转换形成的课程。

4.3.1.2 专业课程设计

1. A 类课程设计

步骤 1：将知识点进行分类：

① 将与典型工作任务完全相关的知识点标识为 C（n）（知识点和技能点见表 4.1）。

② 将其它知识点按知识的学科体系标识为 A（m）（见表 4.2）。

步骤 2：A 类知识点进行归纳整合，根据高职学生专业培养目标，遵循基础性理论知识够用为度的原则，设计相对系统的专业知识性课程——A 类课程（见表 4.3）。

表 4.1 信息安全与管理专业典型工作任务知识点和技能点（汇总表）

编号	典型工作任务名称	知识点	技能点
1	分析网络拓扑结构	网络交换理论	网络交换机
		网络路由理论	网络路由器
		服务器及系统	服务器
		备份种类	存储设备
		安全理论	安全设备
		强电设计	供电保证
		备用电源设计	备用电源
2	安装调试产品	防火墙原理	防火墙安装配置
		入侵检测原理	入侵检测安装调试
		防病毒系统原理	防病毒系统安装调试
		入侵防护系统原理	入侵防护安装调试
		网闸系统原理	网闸系统安装调试
		VPN 系统原理	VPN 系统安装调试
3	网络调试	网络交换理论	交换机
		路由理论	路由器
		服务器及产品	服务器
		备份种类	数据容灾
		安全理论	安全设备
		强电设计	供电
		备用电源设计	备用电源
4	分析安全结构	网络基础	网络调试
		软件基础	扫描技巧
		微软 Windows 内核基础	安全配置
		攻防基础知识	漏洞发现方法
		安全产品了解	产品的配置

续表

编号	典型工作任务名称		知识点	技能点
5	用户培训		沟通能力	制作PPT能力
6	系统运行维护		常见系统安全原理	系统策略管理
			常见攻防原理及分析	系统及日志分析及监控
			常见扫描器原理及使用	安全扫描
			常见系统、应用、网络故障分析能力及处理能力	异常事件处理
			对行业或用户或国家的相关法规有一定了解	合规判断（检查）
			对安全业内动态有一定了解，能将业内动态与用户现场情况结合分析	
7	数据备份与恢复		硬盘工作原理	硬盘数据恢复
			硬盘陈列技术原理	安装调试
			备份功能	数据备份
			容灾功能	数据容灾
			重复数据删除技术	运用重复数据删除技术
8	安全评估与测试	鉴实分类与赋值体系构架评估	资产分类与赋值原理	方法与工具
			IT体系架构知识	架构调研
			IT管理概念	了解ISO27000
		漏洞评估与威胁评估	漏洞原理	漏洞扫描
			威胁原理	威胁文件检测人士评估
		风险评估与报告机制	风险原理	风险确认与计算
			Office软件	报告输出机制
		项目管理	PWI	项目定义
			项目管理原理	项目启动
				项目计划
				项目执行与控制
				项目结果

续表

编号	典型工作任务名称	知识点	技能点
9	辅助应急响应	常见病毒原理及相关检测工具的使用	病毒查杀
		常见攻击及防护原理的利用手法	入侵分析
		常见的操作及安全原理	系统异常处理
		常见应用的使用及原理	应用异常处理
		常见网络设备调试TCP/IP原理，常见网络分析工具	网络异常处理
10	安全产品测试	网络通信技术	熟练使用主流交换机路由器
		操作系统应用	Windows/Linux系统安装应用
		文档整理	Office软件熟练使用
		攻防方法	主要攻击工具使用
		测试方法	熟练SmartBits等工具使用
11	需求分析与初步解决方案设计	市场营销知识	推广、营销、调研
		文档制作	Word、PPT、数据库
		沟通技巧	拟重点沟通
		网络安全基础知识	专业术语，专业基础知识
		产品知识	每个产品的特点及优势
12	辅助开发	了解开发工具	配置开发环境
		熟悉编程语言	代码编写
		软件测试工具	掌握白盒测试、黑盒测试等方法
		文本剪辑工具	编写开发文档
13	计算机病毒防治	计算机系统结构	程序分析
		熟悉编程语言	代码编写
		操作系统知识	掌握流行病毒查杀

表 4.2　A 类知识点汇总表

知识点	类别
服务器及系统	A1
安全理论	A2
强电设计	A3
备用电源设计	A4
网络基础	A5
软件基础	A6
操作系统基础	A1
攻防基础知识	A2
TCP/IP 原理	A7
网络通信技术	A7
网络安全基础知识	A2
数据库基础知识	A8

表 4.3　A 类课程

课程代码	课程名称
A1	计算机硬件基础
A2	程序设计技术（C 语言）
A3	数据库应用技术（SQL Server）
A4	Linux 操作系统应用
A5	网络技术基础
A6	信息安全基础

2. B 类课程设计

步骤 1：将技能点进行分类：

① 将与典型工作任务完全相关的技能点标识为 C（n）。

② 将不属于完成整体性工作任务、但又对完成整体性工作任务构成支持的基础性技能点标识为 B（m）（见表 4.4）。

步骤 2：对技能点进行归纳整合，结合行业规范要求给出训练标准，并依此设计训练性课程——B 类课程（见表 4.5）。

表 4.4　信息安全与管理专业典型工作任务技能点（分类表）

技能点	分类
服务器	B1
供电保证	B2
备用电源	B2
制作 PPT 能力	B3
系统策略管理	B2
系统及日志分析及监控	B2
病毒查杀	B4
入侵分析	B4
Windows/Linux 系统安装应用	B1
Office 软件熟练使用	B4
主要攻击工具使用	B5
Word，PPT	B4

表 4.5　B 类课程

课程代码	课程名称
B1	计算机操作基础实训（Office 组件）
B2	计算机组装维修实训
B3	Windows 操作系统安全配置实训
B4	局域网组建实训
B5	网络攻防技术实训

3. C 类课程设计

对典型工作任务进行分析与合并，最终决定开设哪几门 C 类课程（即学习领域课程）。C 类课程可分为：大 C 类和小 C 类（见表 4.6）。

大 C 类课程：典型工作任务所包含的知识点和技能点丰富且相对独立，可直接利用专业课程体系典型结构Ⅱ的开发流程设计学习领域课程。

小 C 类课程：典型工作任务所包含的知识点和技能点较少，并且与其他典型工作任务具有明显的前后关联性，可与相关典型工作任务合并开设一门学习领域课程。

表 4.6 C 类课程

课程代码	课程名称
大 C 类	路由交换技术
	数据备份与恢复
	信息安全系统评估
	Web 系统安全开发
	计算机病毒技术与防治
小 C 类	信息安全产品配置与应用
	网络安全运行与维护
	网络安全系统集成与建设

4.3.2 专业课程体系开发流程

如图 4.9 所示,开发专业课程体系结构主要包括以下几个步骤:

步骤 1:广泛深入到企业中进行实地调研获取人才需求情况,并进行分析得到企业人才需求情况汇总表;

步骤 2:通过人才需求情况汇总表推导出两个方面的内容:典型工作任务和专业职业岗位对照表;

步骤 3:得到典型工作任务,同时确定支持典型工作任务的知识点与技能点;

步骤 4:确定典型工作任务难度等级;

步骤 5:把典型工作任务与工作岗位进行对照分析制定学习领域课程,并推导出人才培养目标和课程体系结构;

步骤 6:为了让开发出来的课程体系结构更加合理,要不断与企业需求对照分析,进行反复调整修改,最后得到最终的课程体系结构,如图 4.10 所示。

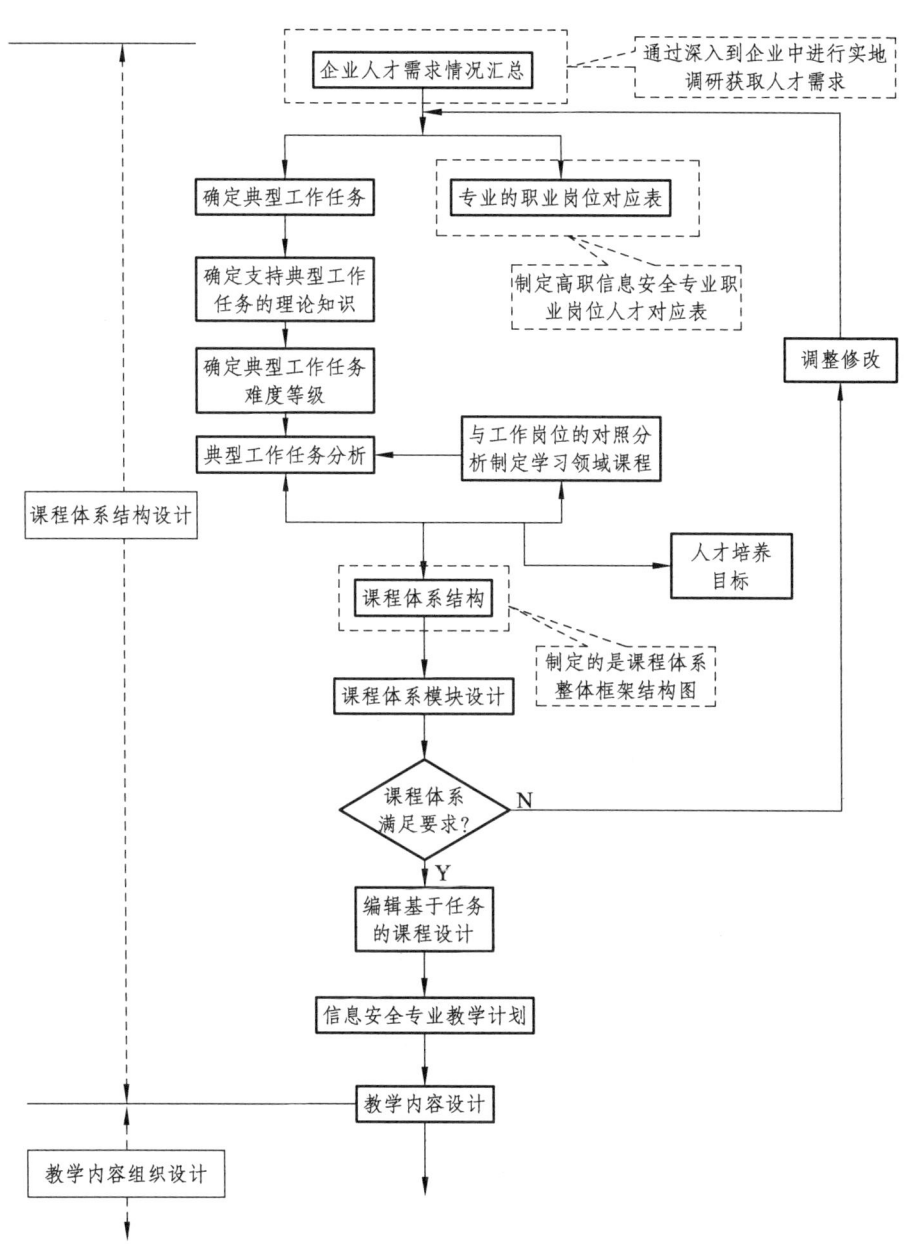

图 4.9　课程体系开发流程图

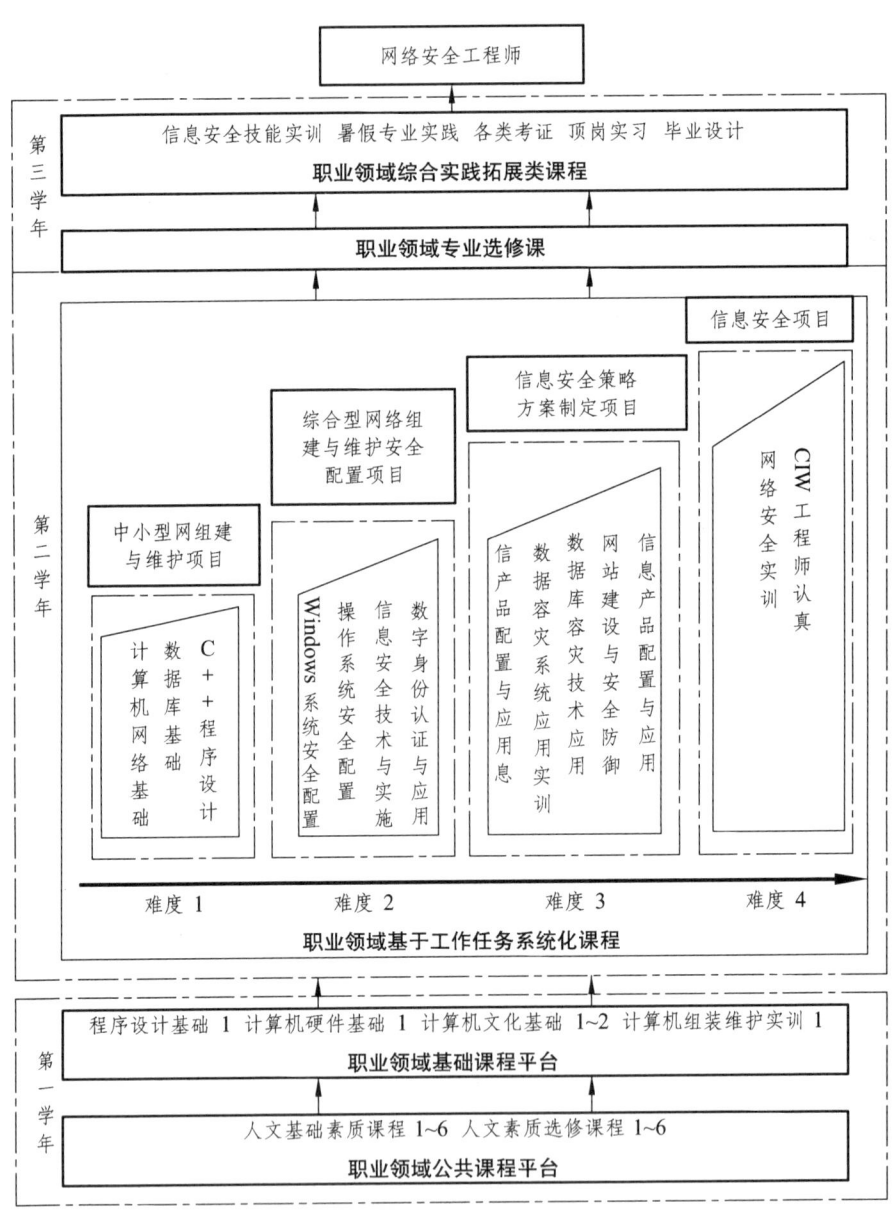

图 4.10 信息安全与管理专业课程体系结构图

4.4 典型工作任务与对应的职场岗位分析

4.4.1 典型工作任务推导

所谓典型工作任务是指一个复杂的职业活动中具有完整结构的工作过程,它是职业工作中同类工作任务的汇总,能表现出职业工作的内容和形式,并具有该职业的典型意义。

要实现信息安全与管理专业人才培养目标,核心问题是面向市场需求,培养学生的核心职业能力。为此,我们必须理出信息安全与管理专业相关岗位的典型工作任务,然后以典型工作任务为主线开发课程,并与行业企业专家一道理出典型工作任务的内涵,即典型工作任务应具备的知识点和技能点。由此我们理出三类课程:第一类课程为专业基础课程;第二类课程是单项技能课程,即整周实训课程;第三类课程是学习领域课程,即以典型工作任务为核心整合构建的课程。其中,专业基础课程和单项技能课程是为学习工作任务课程(学习领域课程)服务的。

典型工作任务的确定主要包括以下三个步骤:① 首先把收集到的调研材料进行汇总,分析职业岗位特征,然后由教研室主任与行业专家共同提取初步的典型工作任务,此过程教师不参与;② 教师与行业专家一道确定典型工作任务的顺序;③ 根据初定的典型工作任务的顺序,由行业专家、教研室主任、骨干教师共同确定核心典型工作任务。重庆电子工程职业学院主要由企业专家、一线的工程师和技术员、学院信息安全与管理专业的教师组成联席会议,共同开发信息安全课程体系。典型工作任务的推导过程如图 4.11 所示。

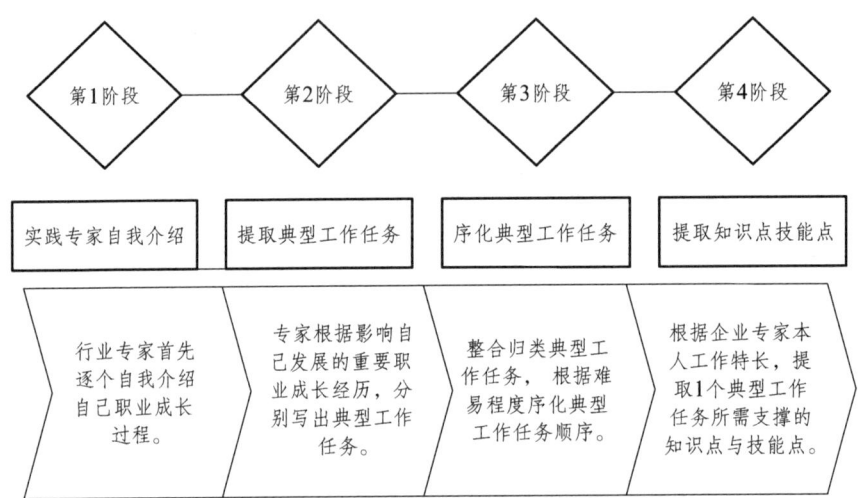

图 4.11 典型工作任务推导过程

4.4.1.1 分析网络拓扑结构工作岗位分析

表 4.7 分析网络拓扑结构职业岗位分析表

专业名称	职业名称
信息安全与管理专业	网络安全工程师
职业岗位编号	典型工作任务名称
1	分析网络拓扑结构
✓ 工作岗位： 位于企业的技术部，主要承担小型局域网的组建与维护。 ✓ 工作过程 工作由技术部经理（系统负责人/信息主管）分配，具体工作如下： （1）了解客户实际需求，以便确定网线质量、数目，以及计算机数量、具体配置要求； （2）对客户所在物理环境进行实地考察，考虑对网络组建产生影响的威胁（潮湿、火灾、雷击、鼠患）； （3）绘制出相应的综合布线图； （4）绘制局域网网络拓扑图； （5）制定网络组建方案，反复论证方案，并进行组建方案的修改； （6）最终制定网络组建方案； （7）依据组建方案，进行材料的选购； （8）物理安装，开箱验收，加电检测，验收成功再上架；	

续表

（9）上架，线缆连接；
（10）配置 IP 地址、网关、机器名、时区等；
（11）验证网络是否连通，通过 Ping 对方 IP 地址，观察结果；
（12）初验，投入使用；
（13）运行维护，做好后期的系统备份，Ghost 软件备份。
✓ 工作任务对象
小型局域网组建。
✓ 工具、方法与工作的组织
（1）需要的工具和材料有？
计算机、双绞线、交换机、水晶头、测线仪、配电箱、压线钳等。
（2）如何完成任务？
按照操作手册以及制定的网络组建方案进行。
✓ 对工作和技术的要求
（1）完成任务时必须满足企业哪些要求？
法律、法规、企业规章制度。
（2）客户有哪些要求？
业务保证、产品功能性是否符合要求、保密协议等。
（3）社会有哪些要求？
职业道德：在施工时不影响企业的正常运转。
（4）工人有哪些方面的要求？
在合适的办公场所、办公时间、办公环境中操作。

4.4.1.2　安装调试产品工作岗位分析

表 4.8　安装调试产品职业岗位分析表

专业名称	职业名称
信息安全与管理专业	网络安全工程师
职业岗位编号	典型工作任务名称
2	安装调试产品

✓ 工作岗位：
位于企业的技术部，主要承担大中型网络的组建与维护。
✓ 工作过程
工作由技术部经理（系统负责人/信息主管）分配，具体工作如下：
（1）了解客户实际需求，以便确定网线质量、数目，以及计算机数量、具体配置要求；

续表

（2）对客户所在物理环境进行实地考察，考虑对网络组建产生影响的威胁（潮湿、火灾、雷击、鼠患），同时给予相应的建议，比如成本、物理条件限制；
（3）绘制出相应的综合布线图；
（4）绘制网络拓扑图；
（5）制定网络整体组建方案，反复论证方案，并进行组建方案的修改；
（6）最终制定网络组建方案；
（7）依据组建方案，进行材料的选购；
（8）依据方案对线缆的要求规格，开挖线槽或者埋设电杆架空明线；
（9）物理安装，开箱验收，加电检测，验收成功再上架；
（10）上架，线缆的铺设，线缆连接，综合布线结束；
（11）配置交换机、路由器、主机 IP 地址、DNS 服务器、网关、机器名、时区等；
（12）验证网络是否连通，通过 Telnet 远程登录同时采用 Ping、TraceRoute 对方 IP 地址，观察结果；
（13）初验，投入使用；
（14）运行维护，做好后期的所有软件备份，采用 Ghost 软件以及还原系统进行备份、维护。

✓ 工作任务对象

大中型网络组建与维护。

✓ 工具、方法与工作的组织

（1）需要的工具和材料有？

计算机、双绞线、光纤、光纤收发器、交换机、路由器、防火墙、水晶头、测线仪、配电箱、压线钳等。

（2）如何完成任务？

按照操作手册以及制定的网络组建方案进行。

✓ 对工作和技术的要求

（1）完成任务时必须满足企业哪些要求？

法律、法规、企业规章制度。

（2）客户有哪些要求？

业务保证、产品功能性是否符合要求、保密协议等。

（3）社会有哪些要求？

职业道德：在施工时不影响企业的正常运转。

（4）工人有哪些方面的要求？

在合适的办公场所、办公时间、办公环境中操作。

4.4.1.3　网络调试工作岗位分析

表 4.9　网络调试职业岗位分析表

专业名称	职业名称
信息安全与管理专业	网络安全工程师
职业岗位编号	典型工作任务名称
3	网络调试

✓ 工作岗位：
位于企业的技术部，主要承担网络故障与维护。
✓ 工作过程：
工作由技术部经理（系统负责人/信息主管）分配，具体工作如下：
（1）了解客户的实际需求，以及故障对客户的影响；
（2）对客户所在物理环境进行实地考察，收集相应的数据以及记录存在的反常现象，以便确定网络故障源；
（3）汇总所有数据，并结合客户的网络拓扑图进行详细分析及反复调试，查出故障原因；
（4）最终确定是软件导致的故障还是硬件导致的故障；
（5）如果是硬件故障，从网络中把硬件拆卸；
（6）对所有的零配件进行逐一检测、分析；
（7）找出有故障的零配件，修理；
（8）如果存在故障零配件无法修理，更换新零配件；
（9）加电检测，故障是否解决；
（10）完工。
✓ 工作任务对象
计算机网络故障与维护。
✓ 工具、方法与工作的组织
（1）需要的工具和材料有？
计算机、传输介质（双绞线、光纤、铜轴电缆）、测线仪、电路检测工具箱等。
（2）如何完成任务？
按照操作手册进行。
✓ 对工作和技术的要求
（1）完成任务时必须满足企业哪些要求？
法律、法规、企业规章制度。
（2）客户有哪些要求？
业务保证、产品功能性是否符合要求、保密协议等。
（3）社会有哪些要求？
职业道德：在施工时不影响企业的正常运转。
（4）工人有哪些方面的要求？
在合适的办公场所、办公时间、办公环境中操作。

4.4.1.4 分析安全结构工作岗位分析

表 4.10 分析安全结构职业岗位分析表

专业名称	职业名称
信息安全与管理专业	网络安全工程师
职业岗位编号	**典型工作任务名称**
4	分析安全结构

✓ 工作岗位：
位于企业的技术部，主要承担网络故障与维护。
✓ 工作过程
工作由技术部经理（系统负责人/信息主管）分配，具体工作如下：
（1）了解客户的实际需求以及故障对客户产生的影响；
（2）对操作系统事件查看器进行数据收集，尤其是标注红色感叹号的事件，以便确定系统故障源；
（3）汇总所有事件数据，并结合客户反映的故障表现，进行详细分析及反复调试，查出故障原因；
（4）最终确定是软件导致的故障还是硬件导致的故障；
（5）如果是软故障，断开网络、安装系统补丁、全盘杀毒，否则恢复注册表；
（6）如果系统装有克隆软件，用克隆软件还原系统；
（7）或者采用系统自带系统还原功能，恢复到故障之前的某时间状态；
（8）否则，删除C盘文件，安装操作系统，安装杀毒软件并将病毒库升级到最新；
（9）做Ghost系统备份，完工。
✓ 工作任务对象
操作系统。
✓ 工具、方法与工作的组织
（1）需要的工具和材料有？
计算机、杀毒软件、防火墙、系统安装软件、Ghost克隆软件。
（2）如何完成任务？
按照操作手册进行。
✓ 对工作和技术的要求
（3）完成任务时必须满足企业哪些要求？
法律、法规、企业规章制度。
（4）客户有哪些要求？
业务保证、产品功能性是否符合要求、保密协议等。
（5）社会有哪些要求？
职业道德：在施工时不影响企业的正常运转。
（6）工人有哪些方面的要求？
在合适的办公场所、办公时间、办公环境中操作。

4.4.1.5 用户培训工作岗位分析

表 4.11 用户培训职业岗位分析表

专业名称	职业名称
信息安全与管理专业	网络安全工程师/IT 工程师
职业岗位编号	典型工作任务名称
5	用户培训

✓ 工作岗位：
位于企业的技术部，主要承担网络故障与维护。
✓ 工作过程
工作由技术部经理（系统负责人/信息主管）分配，具体工作如下：
（1）了解客户的实际需求以及故障对客户产生的影响；
（2）确定采取何种方案解决客户问题；
（3）对客户所在物理环境进行实地考察，结合客户网络拓扑图与综合布线结构图，进一步确定维护方案；
（4）汇总所有事件数据，并结合客户反映的故障表现，进行详细分析及反复调试，查出故障原因；
（5）最终确定是应用服务端导致的故障；
（6）结合应用服务操作手册，分解应用服务的故障源；
（7）断开网络，恢复注册表，观察系统中是否有不明文件；
（8）如果有不明文件，删除，如果在任务管理器中有非法进程在运行，删除；
（9）恢复网络，卸载原有的应用服务，重新安装应用服务软件；
（10）做 Ghost 系统备份，完工。
✓ 工作任务对象
各类应用服务。
✓ 工具、方法与工作的组织
（1）需要的工具和材料有？
 计算机、杀毒软件、防火墙、应用服务安装软件、Ghost 克隆软件。
（2）如何完成任务？
按照操作手册进行。
✓ 对工作和技术的要求
（1）完成任务时必须满足企业哪些要求？
法律、法规、企业规章制度。
（2）客户有哪些要求？
业务保证、产品功能性是否符合要求、保密协议等。
（3）社会有哪些要求？
职业道德：在施工时不影响企业的正常运转。
（4）工人有哪些方面的要求？
在合适的办公场所、办公时间、办公环境中操作。

4.4.1.6 系统运行维护工作岗位分析

表 4.12 系统运行维护职业岗位分析表

专业名称	职业名称
信息安全与管理专业	网络安全工程师/IT 工程师
职业岗位编号	典型工作任务名称
6	系统运行维护

✓ 工作岗位：
位于企业的技术部，主要承担网络管理与维护。
✓ 工作过程
工作由技术部经理（系统负责人/信息主管）分配，具体工作如下：
（1）了解客户实际需求，以便确定何种信息安全产品满足客户要求；
（2）对客户所在物理环境进行实地考察，进一步确定信息安全产品类型，以及安装配置要求是否达到；
（3）结合客户网络拓扑图与综合布线结构图确定信息安全产品安装的最佳位置；
（4）安装信息安全产品，并根据客户要求进行详细配置；
（4）配置过滤 IP、端口以及应用服务；
（5）监控某一时段的数据流，保存在指定文件中；
（6）验证网络是否运转正常，信息安全产品是否工作正常；
（7）投入使用；
（8）运行维护，做好灾难恢复的后备准备。
✓ 工作任务对象
信息安全产品配置。
✓ 工具、方法与工作的组织
（1）需要的工具和材料有？
计算机　信息安全产品。
（2）如何完成任务？
按照操作手册进行。
✓ 对工作和技术的要求
（1）完成任务时必须满足企业哪些要求？
法律、法规、企业规章制度。
（2）客户有哪些要求？
业务保证、产品功能性是否符合要求、保密协议等。
（3）社会有哪些要求？
职业道德：在施工时不影响企业的正常运转。
（4）工人有哪些方面的要求？
在合适的办公场所、办公时间、办公环境中操作。

4.4.1.7 数据备份与恢复工作岗位分析

表 4.13 数据备份与恢复职业岗位分析表

专业名称	职业名称
信息安全与管理专业	网络安全工程师/IT 工程师
职业岗位编号	典型工作任务名称
7	数据备份与恢复

✓ 工作岗位:
位于企业的技术部,主要承担网络管理与维护。
✓ 工作过程
工作由技术部经理(系统负责人/信息主管)分配,具体工作如下:
(1)了解客户实际需求,以便确定采取何种方案解决客户问题;
(2)对客户所在物理环境进行实地考察,结合客户网络拓扑图与综合布线结构图,进一步确定维护方案;
(3)确定信息安全产品类型以及放置的最佳位置;
(4)分析安全事件的成因,找出安全事件的漏洞;
(5)断开网络,恢复注册表,观察系统中是否有不明文件;
(6)如果有不明文件,删除,如果在任务管理器中有非法进程在运行,删除;
(7)确定安全事件类型(DOS 攻击、IP 地址欺骗、特洛伊木马远程控制、口令攻击、计算机病毒、应用层服务协议缺陷攻击等),依据安全事件特征手册进行处理;
(8)验证网络是否恢复正常,信息安全产品是否工作正常;
(9)投入使用,业务完工;
(10)运行维护,按信息安全维护原则去维护,并做好灾难恢复的后备准备。
✓ 工作任务对象
安全事件处理。
✓ 工具、方法与工作的组织
(1)需要的工具和材料有?
计算机、信息安全产品。
(2)如何完成任务?
按照安全事件特征手册和网络安全事件维护方案进行。
✓ 对工作和技术的要求
(1)完成任务时必须满足企业哪些要求?
法律、法规、企业规章制度。
(2)客户有哪些要求?
业务保证、产品功能性是否符合要求、保密协议等。
(3)社会有哪些要求?
职业道德:在施工时不影响企业的正常运转。
(4)工人有哪些方面的要求?
在合适的办公场所、办公时间、办公环境中操作。

4.4.1.8 安全评估与测试工作岗位分析

表 4.14 安全评估与测试职业岗位分析表

专业名称	职业名称
信息安全与管理专业	网络安全工程师/IT 工程师
职业岗位编号	典型工作任务名称
8	安全评估与测试
✓ 工作岗位： 位于企业的技术部，主要承担网络管理与维护。 ✓ 工作过程 工作由技术部经理（系统负责人/信息主管）分配，具体工作如下： （1）了解客户实际需求，以便确定采取何种方案满足客户需求； （2）对客户所在物理环境进行实地考察，设计综合布线结构图； （3）反复修改，验证； （4）结合综合布线结构图，设计网络拓扑图； （5）综合网络拓扑图与综合布线图反复验证，最后设计出信息安全体系方案； （6）多种信息安全方案的讨论与筛选； （7）确定信息安全方案，与客户就最终方案进行最后一轮讨论； （7）确定信息安全体系最终方案，采购原材料； （8）根据综合布线结构图，物理安装，开箱验收，加电检测，验收成功再上架； （9）上架，连接线缆； （10）根据网络拓扑图信息安全方案，连接网络设备与工作站； （11）配置网络连接，验证网络以及网络安全设备是否运行正常； （12）运行维护，按信息安全维护原则去维护，并做好灾难恢复的后备准备。 ✓ 工作任务对象 安全方案分析与设计。 ✓ 工具、方法与工作的组织 （1）需要的工具和材料有？ 计算机、操作系统软件、信息安全产品、双绞线、光纤、交换机、路由器、光纤收发器、测线仪、压线钳。 （2）如何完成任务？ 按照信息安全体系方案和操作手册进行。 ✓ 对工作和技术的要求 （1）完成任务时必须满足企业哪些要求？ 法律、法规、企业规章制度。 （2）客户有哪些要求？ 业务保证、产品功能性是否符合要求、保密协议等。 （3）社会有哪些要求？ 职业道德：在施工时不影响企业的正常运转。 （4）工人有哪些方面的要求？ 在合适的办公场所、办公时间、办公环境中操作。	

4.4.1.9 辅助应急响应工作岗位分析

表 4.15 辅助应急响应职业岗位分析表

专业名称	职业名称
信息安全与管理专业	网络安全工程师
职业岗位编号	典型工作任务名称
9	辅助应急响应

✓ 工作岗位：
位于企业的技术部，主要承担信息安全体系管理。

✓ 工作过程
工作由技术部经理（系统负责人/信息主管）分配，具体工作如下：
（1）了解客户实际需求，确定信息安全方案是否满足客户需求；
（2）对客户所在物理环境进行实地考察，结合综合布线图与网络拓扑图分析信息安全方案是否存在安全隐患；
（3）结合操作手册，修改综合布线图以及网络拓扑图；
（4）根据判定网络系统是否高效的几个方面，验证信息安全体系方案是否工作良好；
（5）存在问题，改良，无法改进的，尽量缩小差异；
（6）运行维护，按信息安全维护原则去维护，并做好灾难恢复的后备准备。

✓ 工作任务对象
信息安全体系。

✓ 工具、方法与工作的组织
（1）需要的工具和材料有？
信息安全方案、综合布线图、网络拓扑结构图、计算机、双绞线、光纤、光纤收发器、交换机、路由器、防火墙、水晶头、测线仪、配电箱、压线钳等。
（2）如何完成任务？
按照操作手册以及制定的网络组建方案进行。

✓ 对工作和技术的要求
（1）完成任务时必须满足企业哪些要求？
法律、法规、企业规章制度。
（2）客户有哪些要求？
业务保证、产品功能性是否符合要求、保密协议等。
（3）社会有哪些要求？
职业道德：在施工时不影响企业的正常运转。
（4）工人有哪些方面的要求？
在合适的办公场所、办公时间、办公环境中操作。

4.4.1.10 安全产品测试工作岗位分析

表4.16 安全产品测试职业岗位分析表

专业名称	职业名称
信息安全与管理专业	网络安全工程师/IT工程师
职业岗位编号	典型工作任务名称
10	安全产品测试

✓ 工作岗位：
位于企业的技术部，主要承担网络管理与维护。
✓ 工作过程
工作由技术部经理（系统负责人/信息主管）分配，具体工作如下：
（1）了解客户实际需求，以便确定采取何种方案满足客户需求；
（2）对客户所在物理环境进行实地考察，分配技术部工程人员设计综合布线结构图；
（3）布线工程人员反复修改，验证得出最终综合布线图；
（4）指定网络技术人员根据工程人员的最终综合布线结构图设计网络拓扑图，这期间要与布线工程人员交流；
（5）分配信息安全体系技术员，反复验证综合网络拓扑图与综合布线图，设计出信息安全体系方案；
（6）项目经理与布线工程员、网络技术员、信息安全方案设计人员共同对多种信息安全方案的讨论与筛选；
（7）确定信息安全方案，与客户就最终方案进行最后一轮讨论，进一步劝服客户同意方案；
（8）确定信息安全体系最终方案，下计划分配采购部去采购原材料；
（9）分配布线工程人员根据综合布线结构图，物理安装，开箱验收，加电检测，验收成功再上架，连接线缆；
（10）分配网络技术人员根据拓扑图与信息安全方案，组建网络；
（11）网络技术人员配置网络连接，验证网络以及网络安全设备是否运行正常；
（12）运行维护，按信息安全维护原则去维护，并做好灾难恢复的后备准备；
（13）项目经理交付项目。
✓ 工作任务对象
项目工程。
✓ 工具、方法与工作的组织
（1）需要的工具和材料有？
综合布线结构图、网络拓扑图、信息安全体系方案、计算机、操作系统软件、信息安全产品、双绞线、光纤、交换机、路由器、光纤收发器、测线仪、压线钳。

续表

（2）如何完成任务？ 按照信息安全体系方案和操作手册进行。 ✓ 对工作和技术的要求 （1）完成任务时必须满足企业哪些要求？ 法律、法规、企业规章制度。 （2）客户有哪些要求？ 业务保证、产品功能性是否符合要求、保密协议等。 （3）社会有哪些要求？ 职业道德：在施工时不影响企业的正常运转。 （4）工人有哪些方面的要求？ 在合适的办公场所、办公时间、办公环境中操作。

4.4.1.11 需求分析及与初步解决方案设计工作岗位分析

表4.17 需求分析与初步解决方案设计职业岗位分析表

专业名称	职业名称
信息安全与管理专业	网络安全工程师/IT工程师
职业岗位编号	典型工作任务名称
11	需求分析及初步解决方案设计
✓ 工作岗位： 位于企业的技术部，主要承担网络安全方案设计。 ✓ 工作过程 工作由技术部经理（系统负责人/信息主管）分配，具体工作如下： （1）了解客户实际需求，以便确定采取何种方案满足客户需求； （2）对客户所在物理环境进行实地考察，分配技术部工程人员设计综合布线结构图； （3）布线工程人员反复修改，验证，得出最终综合布线图； （4）指定网络技术人员根据工程人员的最终综合布线结构图，设计网络拓扑图，这期间要与布线工程人员交流； （5）分配信息安全体系技术员，根据综合网络拓扑图与综合布线图，设计出至少3种信息安全体系方案； （6）项目经理与布线工程员、网络技术员、信息安全方案设计人员共同对多种信息安全方案的讨论与筛选； （7）确定信息安全方案，与客户就最终方案进行最后一轮讨论，进一步劝服客户同意方案； （8）确定信息安全体系最终方案，下计划分配采购部去采购原材料；	

续表

（9）由项目经理交付方案到技术部执行下一步工作。
✓ 工作任务对象
项目工程。
✓ 工具、方法与工作的组织
（1）需要的工具和材料有？
综合布线结构图、网络拓扑图、信息安全体系方案、计算机、操作系统软件、信息安全产品、双绞线、光纤、交换机、路由器、光纤收发器、测线仪、压线钳。
（2）如何完成任务？
按照信息安全体系方案构建操作手册。
✓ 对工作和技术的要求
（1）完成任务时必须满足企业哪些要求？
法律、法规、企业规章制度。
（2）客户有哪些要求？
业务保证、产品功能性是否符合要求、保密协议等。
（3）社会有哪些要求？
职业道德：在施工时不影响企业的正常运转。
（4）工人有哪些方面的要求？
在合适的办公场所、办公时间、办公环境中操作。

4.4.1.12 辅助开发工作岗位分析

表4.18 辅助开发职业岗位分析表

专业名称	职业名称
信息安全与管理专业	网络安全工程师/IT工程师
职业岗位编号	典型工作任务名称
12	辅助开发

✓ 工作岗位：
位于企业的技术部，主要承担网络安全体系方案的辅助设计。
✓ 工作过程
工作由技术部经理（系统负责人/信息主管）分配，具体工作如下：
（1）了解客户实际需求，以便确定采取何种方案满足客户需求；
（2）对客户所在物理环境进行实地考察，分配技术部工程人员设计综合布线结构图；
（3）布线工程人员反复修改、验证，最终得出最终综合布线图；
（4）指定网络技术人员根据工程人员的最终综合布线结构图，设计网络拓扑图，这期间要与布线工程人员交流；

续表

（5）分配信息安全体系技术员，根据综合网络拓扑图与综合布线图，设计出至少 3 种信息安全体系方案；

（6）项目经理与布线工程员、网络技术员、信息安全方案设计人员共同对多种信息安全方案的讨论与筛选；

（7）确定信息安全方案，与客户就最终方案进行最后一轮讨论，进一步劝服客户同意方案；

（8）确定信息安全体系最终方案，下计划分配采购部去采购原材料；

（9）分配布线工程人员根据综合布线结构图，物理安装，开箱验收，加电检测，验收成功再上架，连接线缆；

（10）分配网络技术人员根据拓扑图与信息安全方案，组建网络；

（11）网络技术人员配置网络连接，验证网络以及网络安全设备是否运行正常；

（12）运行维护，按信息安全维护原则去维护，并做好灾难恢复的后备准备；

（13）项目经理交付项目。

✓ 工作任务对象

项目工程。

✓ 工具、方法与工作的组织

（1）需要的工具和材料有？

综合布线结构图、网络拓扑图、信息安全体系方案、计算机、操作系统软件、信息安全产品、双绞线、光纤、交换机、路由器、光纤收发器、测线仪、压线钳。

（2）如何完成任务？

按照信息安全体系方案构建操作手册。

✓ 对工作和技术的要求

（1）完成任务时必须满足企业哪些要求？

法律、法规、企业规章制度。

（2）客户有哪些要求？

业务保证、产品功能性是否符合要求、保密协议等。

（3）社会有哪些要求？

职业道德：在施工时不影响企业的正常运转。

（4）工人有哪些方面的要求？

在合适的办公场所、办公时间、办公环境中操作。

4.4.1.13 计算机病毒防治工作岗位分析

表 4.19 计算机病毒防治职业岗位分析表

专业名称	职业名称
信息安全与管理专业	网络安全工程师/IT 工程师
职业岗位编号	**典型工作任务名称**
13	计算机病毒防治

✓ 工作岗位：
位于企业的技术部，主要承担信息安全技术支持。
✓ 工作过程
工作由技术部经理（系统负责人/信息主管）分配，具体工作如下：
（1）了解客户实际需求，以便确定采取何种方案满足客户需求；
（2）对客户所在物理环境进行实地考察，分配技术部工程人员分析综合布线结构图；
（3）指定网络技术人员分析客户所在地网络拓扑图，这期间要与布线工程人员交流；
（4）汇总综合布线图与网络拓扑图的分析材料；
（5）项目经理与布线工程员、网络技术员、信息安全方案设计人员共同对多种信息安全方案的讨论与筛选；
（6）从中选择一种适合当前客户的信息安全方案；
（7）确定信息安全方案，与客户就最终方案进行最后一轮讨论，进一步劝服客户同意方案；
（8）采购信息安全产品，如防火墙、IDS、杀毒软件、或防病毒卡等；
（9）分配布线工程人员根据信息安全方案的综合布线结构图，物理安装信息安全设备，加电检测，验收成功再上架，连接线缆；
（10）网络技术人员配置网络连接，验证网络以及信息安全设备是否运行正常，并测试计算机防病毒设备是否工作正常，按信息安全维护原则去维护，并做好灾难恢复的后备准备。
（11）项目经理交付项目。
✓ 工作任务对象
项目工程。
✓ 工具、方法与工作的组织
（1）需要的工具和材料有？
综合布线结构图、网络拓扑图、信息安全体系方案、计算机、操作系统软件、信息安全产品、双绞线、光纤、交换机、路由器、光纤收发器、测线仪、压线钳、计算机病毒软件、防火墙、IDS。

续表

（2）如何完成任务？ 按照信息安全体系方案构建操作手册。 ✓ 对工作和技术的要求 （1）完成任务时必须满足企业哪些要求？ 法律、法规、企业规章制度。 （2）客户有哪些要求？ 业务保证、产品功能性是否符合要求、保密协议等。 （3）社会有哪些要求？ 职业道德：在施工时不影响企业的正常运转。 （4）工人有哪些方面的要求？ 在合适的办公场所、办公时间、办公环境中操作。

4.4.2 典型工作任务汇总

通过召开"企业专家访谈会"和"核心工作任务分析会"，对信息安全行业企业几类重要岗位做了详细的分析研究，确定了信息安全与管理专业典型工作任务汇总表（见表4.20）和相应的知识点与技能点汇总表（见表4.21）。

表4.20 信息安全与管理专业典型工作任务汇总表

专业名称	职业名称	典型工作任务编号	典型工作任务名称
信息安全与管理专业	网络安全工程师/IT工程师	1	分析网络拓扑结构
		2	安装调试产品
		3	网络调试
		4	分析安全结构
		5	用户培训
		6	系统运行维护
		7	数据备份与恢复
		8	安全评估与测试
		9	辅助应急响应
		10	安全产品测试
		11	需求分析及初步解决方案设计
		12	辅助开发
		13	计算机病毒防治

表 4.21 信息安全与管理专业知识点与技能点汇总表

专业名称	职业名称	典型工作任务	知识点	技能点	行动环境
信息安全与管理专业	网络安全工程师	分析网络拓扑结构	计算机网络原理知识、以太网特性、访问控制技术CSMA/CD的原理知识、双绞线制作技术、网络工程技术知识、网络互连设备特性	掌握小型局域网或校园网的整体规划设计与组建，处理局域网内部组网故障	多媒体教室+网络安全实训室
		网络调试	网络工程技术知识、网络组建知识、传输介质（双绞线、铜铜电缆、无线通信）特性、广域网组建技术知识	掌握大中型网络的组建与维护，设计组网整体方案，各类知名信息安全产品的配置，维护企业的正常运作	网络攻防实训室
		分析安全结构	网络工程技术知识、网络组建知识、网络互连设备特性、网络工程理论知识	掌握网络互连特点、结构要求、配置知名厂家（思科、华为）设备	数据安全实训室
		用户培训	操作系统原理知识、计算机文化基础知识、网络设备特性、网络工程技术知识、单片机理论知识	操作系统（Windows、Linux、UNIX等）的安全配置、理解事件查看器所检测到的数据	计算机病毒防御生产性实训室
		系统运行维护	计算机工程技术、操作系统理论知识、网络安全知识、信息安全概论	理解应用服务协议原理、配置网站的防范、实现对攻击行为的获取攻击方特征数据	多媒体教室+网络安全实训室

续表

专业名称	职业名称	典型工作任务	知识点	技能点	行动环境
信息安全管理专业	网络安全工程师	数据备份与恢复	计算机网络技术知识、网络工程基础知识、操作系统知识、网络安全理论知识、信息安全概论、密码学知识	理解数据备份原理，了解磁盘工作原理，能够对磁盘数据实施恢复工作，并进行系统备份	数据恢复实训室
		安全评估与测试	计算机网络技术知识、网络工程基础知识、操作系统理论知识、网络互连设备特性、应用层服务协议原理	理解应用服务协议原理，配置网站服务器实现对攻击行为的防范，并能配置信息安全产品（密钥产生器、防火墙、IDS、IPS等）	网络攻防实训室
		辅助应急响应	计算机网络技术知识、网络工程基础知识、操作系统理论知识、事件查看服务器日志的分析、常见网络攻击方式的原理	选购信息安全企业常见安全事件，配置解决企业小型一般几个主要构件	网络攻防实训室
		安全产品测试	计算机网络技术知识、网络工程基础知识、事件查看、应用层服务协议日志原理、综合布线图和网络拓扑图的设计	选购信息安全产品，配置并设计符合安全发展方向的可行性安全方案，并维护信息安全方案实现的稳定性	网络安全实训室

续表

专业名称	职业名称	典型工作任务	知识点	技能点	行动环境
信息安全管理与专业	网络安全工程师	需求分析与解决方案分析	计算机网络基础知识、网络工程技术知识、事件分析、应用层服务器日志原理、协议原理、常见网络攻击行为的原理、操作原理	信息策划、管理信息安全方案，根据网络系统进展状况、几个方面、验证信息安全体系方案是否工作良好	校内实训基地
		辅助开发	计算机网络基础知识、网络工程技术知识、事件分析、应用层服务器日志原理、协议原理、常见网络攻击行为的原理、操作原理	分配并设计符合企业实现发展的安全方案，并根据方案到具体合理的任务领域，从至高点控制整个信息安全管理的运作	校外顶岗实习基地
		计算机病毒防治	计算机网络基础知识、网络工程技术知识、事件分析、应用层服务器日志原理、协议原理、常见网络攻击行为的原理、流行病毒代码编制原理	选购计算机病毒产品、配置并设计符合企业实现发展的可行性病毒防护方案，能解决流行病毒的破坏活动	网络安全实训室

4.5 信息安全与管理专业核心课程设计

4.5.1 典型工作任务难度等级分析

典型工作任务确定以后,要分析出所设定的工作任务在职业岗位中所处的具体位置,依照职业成长模式理论,继续对这些典型工作任务进行归类。一般情况下,我们习惯将典型工作任务分成 4 个难度等级(对应初学者、有能力者、熟练者、专家),因此我们首先需要划分典型工作任务的难度等级。

表 4.22 典型工作任务难度范围表

专业名称	职业名称	典型工作任务难度等级	所掌握的技能	对应典型工作任务编号与名称
信息安全与管理专业	网络安全工程师/IT工程师	难度一级	能处理基本的办公常务,掌握小型局域网或校园网的整体规划方案的设计与组建,处理局域网内部的网络故障	1. 分析网络拓扑结构
		难度二级	掌握大中型网络的组建与维护,设计组网整体方案,掌握各类知名信息安全产品的安全配置,以便维护企业的正常运作	2. 安装调试产品 3. 网络调试 4. 分析安全结构 5. 用户培训 6. 系统运行维护
		难度三级	掌握信息安全产品安全的选购、配置,设计符合企业现实发展的可行性安全方案,维护信息安全方案实现的安全性	7. 数据备份与恢复 8. 安全评估与测试 9. 辅助应急响应
		难度四级	配置并设计符合企业现实发展的可行性安全方案,并根据方案合理分配相应的任务到具体的领域,从至高点控制整个信息安全管理的运作	10. 安全产品测试 11. 需求分析及初步解决方案设计 12. 辅助开发 13. 计算机病毒防治

4.5.2 信息安全与管理专业核心专业课程形成

由企业专家、一线的工程师和技术员、学院的信息安全与管理专业教师联合推导出典型工作任务表和典型工作任务知识点、技能点汇总表,最后由信息安全与管理专业专职教师设计学习领域课程,最终转化为课堂教学传授给学生。

4.6 信息安全与管理专业人才培养规范与要求

4.6.1 专业基本信息

1. 专业名称与代码

(1)专业名称:信息安全与管理。

(2)专业代码:610211。

2. 学制与招生

(1)招生对象:

① 普通高中毕业的文理科考生;

② 中职毕业的计算机大类考生。

(2)招生方式:普通高考。

4.6.2 人才培养目标

4.6.2.1 总体培养目标

以立德树人为宗旨,培养德、智、体、美、劳全面发展,具备扎实的专业基础、创新意识和创业能力,在网络安全领域能够根据客户需求制定相应的安全策略和防御措施,协助国家安全局和公安网监部门侦破网络犯罪行为,维护互联网安全秩序,符合企业技术创新需要的发展型、复合型、创新型的技术技能人才。

其中立德树人的思路如下:

(1)以思想政治工作铸魂,坚定人才培养导向。

高校是人才的摇篮,肩负着为国家和民族培养具有国际视野、创新精神和实践能力的高素质人才的历史重任。这一使命能否实现，关键在于高校是否恪守宗旨，不懈探索"教"和"学"、"成人"和"成才"的规律，铸就学生"立心"和"立命"之魂。近年来，重庆电子工程职业学院着力强化全员、全过程、全方位的育人理念，构建"大思政"工作格局，倡导"课堂思政"理念指导下的专业课教学，建立完善"网络教学+专题教学+实践教学"三位一体的思政课教学模式和深度融合的"互联网+"思想政治工作模式，切实增强思想政治教育实效；通过召开院长院务会议，开展全校范围内的教育思想观念大讨论，"以学生为中心"的理念在全校牢固树立。在全国重要报刊发表理论文章，或在媒体开设专栏，把治校办学的思考传达给师生，凝聚教书育人的共识；充分发挥课堂教学的主渠道作用，将培育和践行社会主义核心价值观融入人才培养全过程。

（2）以深化综合改革创新，完善人才培养机制。

教育改革就是要改掉那些不合时宜的条条框框，倡导包容彼此之不同，欣赏多样之精彩，这也是高校最需要彰显的特质。重庆电子工程职业学院启动了7个方面42个项目的综合改革：创立了校长学生助理制度，通过问计于学生，制定符合学生个性需求、满足学生个性发展的人才培养规范，全面深化综合改革，凝聚育人的"组合拳"和"向心力"；借助"优质校"建设契机，重庆电子工程职业学院着力加强一流专业建设，推进资源共享、协同创新和产学研转化，调整合并有关院系和专业，稳步实施学分制、主辅修制；同时，推进核心课程建设和公共课、选修课改革，形成课堂教学、课外实践、校园文化熏陶、社会实践、海外浸润立体交合的育人格局，为每一个学生提供充满希望、人生出彩的教育环境。

（3）以教师素质提升固本，夯实人才培养根基。

20多年前，重庆电子工程职业学院在全国率先大批引进博士，人才至上、人才兴校的理念蔚然成风。如今，这些年来引进的高层次人才已经开始转化为学校教学与科研的最大优势。在推进"优质校"建设的新征程中，学校继续把师资作为立校强校的根本，致力于汇聚一支"有理想信念、有道德情操、有扎实知识、有仁爱之心"的高素质教师队伍。学校从政策、待遇等方面为教师安心教书育人创造良好外部条件，入选国家各类人才计划、教学能手的人数显著提升，形成了筑巢引凤、英才来归的生动局面。

（4）以高校文化建设养气，锤炼人才培养品格。

高校文化是高校的灵魂所在，重庆电子工程职业学院始终把办有品位、有内涵、有气质的高校作为发展追求的目标，将人性和人文关怀放在更加突出的位置，弘扬高校精神，追求高校理想，锻造高校文化。学校充分发挥多元主体作用，健全学生人格，完善以高校章程为核心的现代高校制度体系，充分发挥学术委员会在学校学术事务中的权威作用和地位。学校积极推进多样化的国际交流合作，让高职生睁大慧眼看世界，拨动心弦悟人生，焕发出闪亮的生命光彩。

4.6.2.2 具体从业岗位

（1）信息安全售前工程师岗位；
（2）信息安全风险评估工程师岗位；
（3）信息安全技术支持岗位；
（4）系统安全维护工程师岗位。

4.6.2.3 人才培养规格

1. 基本素质要求

（1）热爱祖国，遵纪守法，具备良好的职业道德和敬业精神；
（2）具备吃苦耐劳、严谨求实、勇于创新的学习和工作作风；
（3）具有自主学习能力，有乐观向上、诚实守信的品质；
（4）具有较好的与人沟通能力和团队协作精神；
（5）具有健康的体魄和良好的心理调节能力；
（6）具有基本的审美能力和健康的审美情趣，衣着行为大方得体。

2. 职业通用能力要求

（1）具有英语阅读和一般专业资料的翻译能力；
（2）具有高度的责任感，有严谨、认真、细致和吃苦耐劳的工作作风；
（3）具有遵守行业规程、保守国家秘密和商业秘密的素养；

（4）具有独立终身学习的意识和再学习的能力；

（5）具有良好的工程实践应用能力和创业能力；

（6）具有跟踪和检索最新工程领域相关技术信息的能力。

3. 职业岗位能力要求

（1）具备黑客防范技能；

（2）具备网络安全事件取证能力；

（3）具备企事业单位信息系统安全运行维护能力；

（4）熟悉信息安全产品、企业安全设备的功能测试、设备安装、调试及应用维护；

（5）能够针对 Web 站点的安全制定相应防范措施和开发出安全的企业网站；

（6）具备制定网络安全防范策略和系统加固措施的能力；

（7）具备制定和实施数据容灾方案的能力；

（8）具备操作系统安全防范能力；

（9）具备制定和实施信息安全工程方案的能力。

4. 职业岗位技能要求

（1）取得工信部中级工资格证书；

（2）取得趋势科技 TCSP 行业职业资格证书；

（3）取得美国 CIW 网络安全工程师职业资格证书；

（4）取得人社部风险评估工程师职业资格证书；

（5）取得 ERP 工程资格证书。

4.6.3 教学计划

本节以重庆电子工程职业学院信息安全与管理专业 2018 级教学计划为例，介绍信息安全与管理专业的课程类别与学分结构（见表 4.23）、公共必修课程设置（见表 4.24）、专业必修课程设置（见表 4.25）、专业选修课程设置（见表 4.26）以及各学期教育、教学各环节周数分配（见表 4.27）。

表 4.23　课程类别与学分结构总表

课程及学分类别	课程管理部门	课程学分 必修	课程学分 选修	课内学时 总学时	课内学时 其中实践学时	整周实训（周）
1. 公共必修课程	马克思主义学院	8	/	128	28	/
	通识教育与国际学院	20	/	326	50	/
	体育与国防教学部	12	/	204	116	/
	计算机学院	2	/	32	32	/
2. 公共选修课程	各职能部门、教务处	/	5	80	0	/
3. 专业必修课程	各二级学院 理论	79	54	/	864	352	/
	各二级学院 实践		25	/	500	500	32
4. 专业选修课程	各二级学院（部）	/	≥18	288	144	0
统计	总学分、学时	121	23	2422	1222	/
	总实训周数	/	/	/	/	32
毕业总学分标准	≥144 学分					

表 4.24　公共必修课程设置表

学期	公共课程类别课程名称	课程代码	课程类型	必修学分	考核方式	课内总学时	其中实践学时
1	军训			3	考查	60	60
	思想道德修养与法律基础			3	考查	48	12
	公共体育1			2	考查	32	28
	公共英语1			4	考试	64	30
	高等数学			4	考试	64	
2	毛泽东思想和中国特色社会主义理论体系概论			4	考查	64	16
	公共体育2			2	考查	32	28
	公共英语2			4	考试	64	20
	工程数学			3	考试	48	
1	安全与国防教育			2	考查	32	

续表

学期	公共课程类别课程名称	课程代码	课程类型	必修学分	考核方式	课内总学时	其中实践学时
1至2	形势与政策			1	考查	16	
1或2	心理健康教育			1	考查	16	
1	计算机文化基础			2	考查	32	
2至4	公共体育3（专项体育）			3	考查	48	
1至5	创新创业教育			2	考查	32	
1和4	就业指导与职业发展			2	考查	38	
公共必修课程开课总学分、总学时				42学分		690学时	

注：《公共英语》统一开设《公共英语Ⅱ》。

表4.25 专业必修课程设置总进度表

学期	学习领域课程名称	课程代码	课程类型（A,B,C）	必修课程学分	考核方式	理论课或者理实一体课程		实训课程
						课内总学时	其中实践学时	整周实训（周）
1	数据库基础（MySQL）		B	4	考查	64	32	
	计算机硬件基础		B	4	考试	64	16	
	认知实习		C	1	考查			1
2	程序设计基础		B	4	考试	64	32	
	*信息安全技术与实施		B	4	考查	64	40	
	计算机网络基础		B	4	考试	64	32	
	Windows操作系统安全配置实训		C	2	考查			2
	IT职业生涯规划		A	1	考查	16		
3	网络安全系统集成		B	4	考试	64	40	
	数据备份与恢复		B	4	考查	64	40	
	*linux操作系统安全配置		B	4	考查	64	50	
	网络攻防实训		C	2	考查			2

续表

学期	学习领域课程名称	课程代码	课程类型（A，B，C）	必修课程学分	考核方式	理论课或者理实一体课程		实训课程
						课内总学时	其中实践学时	整周实训（周）
4	*信息安全产品配置与应用		B	4	考试	64	40	
	计算机取证技术与应用		B	3	考查	48	30	
	数据容灾系统应用实训		C	3	考查			3
	Python开发技术应用		B	4	考查	64		
	Web系统安全开发		B	4	考查	64		
	体验实习		C	1	考查			1
5	网络安全运行与维护		B	3	考查	48		
	信息安全工程管理		B	3	考查	48		
	网络安全综合实训		C	3	考查			3
6	校外（顶岗）实习		C	7	考查			14
	毕业设计（综合报告）		C	6	答辩			6
理论课或理实一体课程学分、学时及课内实践学时				54	/	864	352	/
整周实训课程必修学分、实践周数				25	/	/	/	32
专业必修课程毕业学分小计						79学分		

注：其中标记"*"的课程为专业核心课，为重点考核课程。

表 4.26 专业选修课程设置表

学期	（学习领域）课程名称	课程代码	课程类型（A，B，C）	学分	考核方式	理论课或理实一体		实践课
						总学时	课内实践	实训周数
3	移动互联网应用基础		B	2	考查	32	16	
	人工智能导论		B	2	考查	32	16	
	信息安全标准与法规		B	2	考查	32	16	
	网络融合通信技术		B	2	考查	32	16	
	"互联网+"创新创业案例分析		B	2	考查	32	16	
	美工设计基础		B	2	考查	32	16	
	云计算基础		B	2	考查	32	16	
	大数据基础		B	2	考查	32	16	
	信息检索与文档撰写		B	2	考查	32	16	
4	微信小程序开发		B	2	考查	32	16	
	算法基础		B	2	考查	32	16	
	互联网产品策划		B	2	考查	32	16	
	物联网概论		B	2	考查	32	16	
	文档编制技巧		B	2	考查	32	16	
	XML 基础		B	2	考查	32	16	
	IT 项目管理		B	2	考查	32	16	
	Excel 高级应用		B	2	考查	32	16	
	团队协作与沟通技巧		B	2	考查	32	16	
本专业毕业要求达到的最低专业选修课程总学分					18 学分			

表 4.27　各学期教育、教学各环节周数分配表（单位：周）

学期	课堂教学	各种实践教学周						毕业鉴定军训	毕业教育	考试	专题活动周	机动	合计
		课程设计	技能实训	生产实习	顶岗实习	毕业论文	毕业设计						
1	14		1					2	1	1		2	21
2	16		2							1	1	1	21
3	16		2							1	1	1	21
4	16		3							1	1	1	21
5	12		4		6					1	1	1	21
6	0				12	6		2	0		1	0	21
合计	74		12		18	6		4	5	6		6	126

注：第 4 学期技能实训只占 2 个教学周，第 5 学期技能实训 4 周不占教学周。

第五章

信息安全专业人才培养模式的制定与修订机制探索

5.1 "联盟制、项目制、导师制"创新型人才培养模式的确立

信息产业是重塑全球经济发展模式的主导力量,是国家战略性支柱产业,是国家实施创新驱动战略、推进供给侧结构性改革的关键因素。大数据、云计算、人工智能等新一代信息技术的创新,正向多技术融合的系统化、集成化模式转变,亟需大量在生产与服务一线,具有创新意识、创新思维、创新能力和工匠精神的计算机类专业技术技能创新型人才。

高职计算机类技术技能创新型人才,主要是指在信息技术领域生产与服务一线实施技术革新、服务改进、工艺改良的技术技能型人才。我国许多高职院校在创新型人才培养方面进行了有益的探索,然而创新型人才培养仍然处于起步阶段,普遍存在"校企协同培养难、学生创新能力提升难、创新指导落实难"的"三难"问题。

2011年,重庆电子工程职业学院率先在全国建立专业层面的信息安全校企联盟,依托"职业教育课程质量保障及实践研究""以机器人技术为载体的高职创新人才培养模式构建实践"等7个国家级与省部级重点课题,开始"联盟制"研究和相关实践工作,整合校企资源,正式实施"联盟制、项目制、导师制"创新型人才培养模式改革。

2013年,"全国云计算校企联盟"和"中国软件产教联盟"相继成立。依托联盟的项目制与导师制创新型人才培养改革持续深入,采用

系统化理论对创新型人才培养的实施环境、驱动载体和实施方法进行了系统分析与设计,将创新型人才培养所需的各种要素进行有机整合,创建了"联盟制、项目制、导师制"创新型人才培养模式。研究成果在 2 个学校 11 个计算机类专业试点、21 个电子信息及通信类专业推广应用,进一步检验了改革的成效,并在全国推广。

2017 年,计算机类专业"联盟制、项目制、导师制"创新型人才培养模式改革成果,获重庆市高等教育教学成果一等奖,经重庆市教育委员会组织专家鉴定,认定该成果在全国高职教育教学改革中具有先进水平,具有重大推广价值。

5.2 "联盟制、项目制、导师制"创新型人才培养模式融入人才培养方案

"联盟制、项目制、导师制"创新型人才培养模式,是系统解决高职信息安全专业创新型人才培养过程中普遍存在的"校企协同培养难、学生创新能力提升难、创新指导落实难"的"三难"问题的有效方案。

5.2.1 "联盟制"——校企协同动态培养创新型人才新机制

"联盟制"是指校企基于"资源互补、利益共享"原则,创建专业层面的信息安全、软件技术、云计算等校企联盟,成立联盟理事会,搭建网络交流平台,通过联盟年会、项目对接、技术交流等多种形式的对接活动,制定专业人才培养方案和联盟运营保障措施,营造创新文化,实现协同创新育人的校企联盟制度,如图 5.1 所示。

重庆电子工程职业学院计算机类专业依托校企联盟,先后与华为、启明星辰、中科院重庆绿色智能研究院共建了信息安全工程中心、机器人创新工作室、网络与信息安全技术研究所等 14 个协同创新平台,开发了《网络安全运行与维护》等 35 部国家规划教材,开展了软件测试、安全测评等 386 项技术服务项目,实施了服务机器人等 52 项产品研发项目。

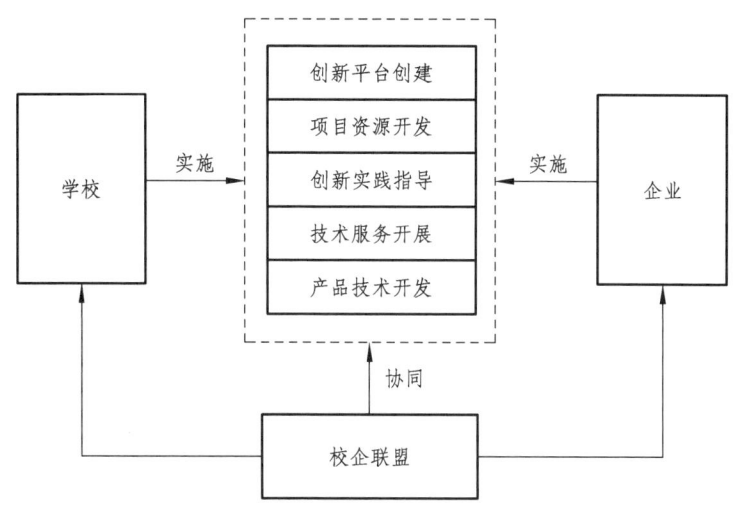

图 5.1 基于"联盟制"的校企协同创新育人构架

5.2.2 "项目制"——提升学生创新能力

"项目制"是以校企共建的数据恢复生产性实训基地、机器人创新工作室、信息安全研究所等实体构成的"协同创新平台"为依托,以企业技术服务、技术革新和科技创新项目为载体,将创新人才培养融入项目实施各环节,分阶段完成项目生命周期全过程,让学生在项目实施的各个阶段,创新意识和能力得到相应培养的一种制度,如图 5.2 所示。

"项目"分为"学习型项目""技术服务项目"和"科研项目"3 种类型:神州数码、启明星辰、华为等 78 家企业提供的 1200 多个项目案例,以及信息安全管理与评估等 13 种技能大赛资源,转化为"学习型项目",并开发成 35 部"十二五"职业教育国家规划教材;信息安全测评、软件开发项目等资源为"技术服务项目";智能机器人技术创新、产品研发等项目资源为"科研项目"。三类项目在 6 个学期分阶段实施,贯穿创新型人才培养全过程。

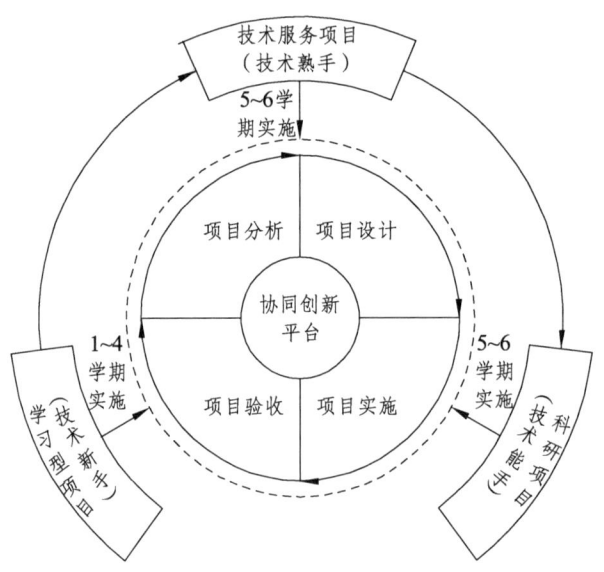

图 5.2 "项目制"实现创新驱动

5.2.3 "导师制"——落实创新指导

"导师制"是指以项目为载体,校、企导师通过指导学生实施"学习型项目",实现"导学";实施"技术服务项目",实现"导做";指导创新能力强的学生参与"科研项目",实现"导研";通过"导学""导做""导研",逐步提升学生创新能力的制度,如图 5.3 所示。

"导师制"以项目为载体,按 3 类项目特点,分别实施"导学""导做"和"导研"活动。"导学",即导师针对所有学生,在网络安全实训室等理实一体化实训室,以学习型项目为载体,通过《网络安全系统集成》等项目化教材,采用项目教学法组织教学,主要培养学生的创新意识;"导做",即导师针对所有学生,通过在软件工程等生产性实训基地,指导学生实施软硬件开发等技术服务项目,主要培养学生的创新思维;"导研",即导师选拔创新基础好的学生参与技术革新、产品研发等科研项目,主要培养学生的创新能力。

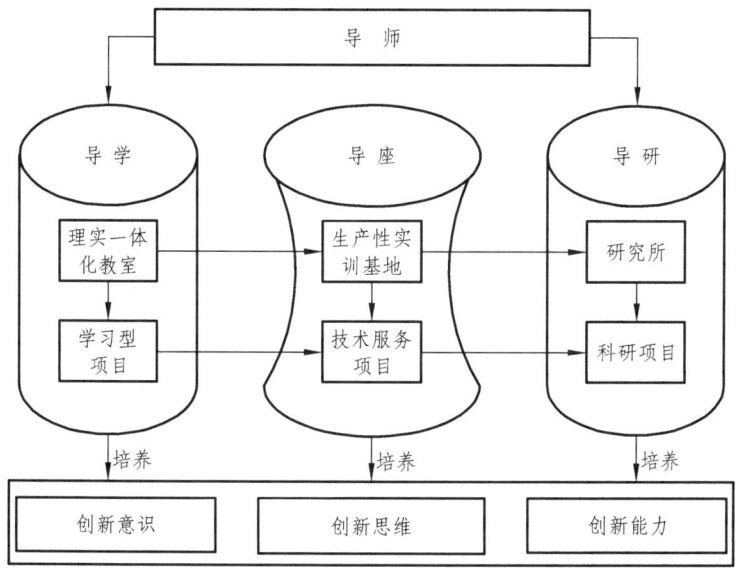

图 5.3 "导师制"实施过程

5.3 产教融合、链群互动助推信息安全创新型人才培养改革动态新机制

依托联盟,校企共同搭建"协同创新平台",营造创新实践环境,建立协同育人机制,形成"联盟制";利用合作企业提供的真实项目资源,驱动学生创新,有效提高学生的创新实践能力。整合行业资源,引水入渠,为人才培养注入新血液,产业链与专业群深度交叉,通过联盟、项目对接、技术交流等多种形式的对接活动,制定专业人才培养方案和联盟运营保障措施,营造创新文化,实现协同创新育人的校企联盟制度,为制定人才培养方案提供动态源动力。

目前重庆电子工程职业学院依托"联盟制",与 36 家企业深度合作,协同实施"创新平台搭建、项目资源开发、创新实践指导、技术服务开展和产品技术研发"。"联盟制"的实施把产业生产链、技术链等创新元素融入到人才培养的全过程、各环节,是校企双方资源整合与对接的桥梁和纽带,为校企双方协同培养创新型人才提供了基础条件保障,从而使"校、企"协同育人与创新得以落实,解决了创新型人才校企协同培养"难"的问题，助力构建人才培养动态新机制。

依托协同创新平台，1至4学期实施"学习型项目"，5至6学期实施"技术服务项目"，遴选技术较好的学生实施"科研项目"，指导学生按项目分析、项目设计、项目实施、项目验收等环节完成项目，学生发现问题、分析问题、解决问题的能力得到锻炼，创新意识、创新思维、创新能力和创新精神得到提升，学生逐渐从技术新手到技术熟手，再到技术能手。"项目制"为创新型人才培养提供了引擎和载体，解决了创新能力提升"难"的问题。

项目引领，导师全程指导学生参与创新实践活动，引导学生树立正确的人生观、价值观，养成专注与精益求精的工作态度，训练学生发现问题、思考问题和解决问题的能力，培养学生的创新意识、创新思维、创新能力与工匠精神。8年来，参与技术服务与科研项目的学生累计达3 520人。"导师制"为创新型人才培养实施提供了有力抓手，解决了创新指导落实"难"的问题。

依据学生职业成长规律，在学生不同的职业成长阶段，以项目为载体，按项目内容安排导师团队，实施"导学、导做、导研"（简称"三导式"），在不同项目阶段为学生进行不同的"个性化"创新指导。"三导式"人才培养方法，通过营造追求卓越的创新氛围，激发人人求真、求新的欲望，针对不同学生、不同成长阶段的个性化需求，实施分类指导，使学生从技术新手到技术熟手，再到技术能手的转变。"三导式"方法分阶段、渐进式地提升学生职业技能与创新能力，既保障了创新型人才培养的"大众化"，又兼顾了创新型人才培养的"精英化"。

通过校企"双主体"在创新型人才培养方面实现"创新平台搭建、项目资源开发、创新实践指导、技术服务开展、产品技术研发"五个方面的协同。形成了"双主体、五协同"创新型人才培养新机制，在充分保证校企双方各自利益基础上整合创新资源，将无序的创新合作资源进行规范和有序管理，实现企业"找服务、找人才、找技术、找设备"，与学校"找项目、找资源、找工作、找合作"的有效对接，实现校企双方创新资源互补和优化配置，构建了校企"双主体、五协同"创新型人才培养新机制。

参考文献

[1] 武春岭，童世华，何欢，等．高职"产学制、项目制、导师制"创新型人才培养模式研究[J]．中国职业技术教育，2017（7）：58-61．

[2] 武春岭，龚小勇，唐继勇，等．信息安全技术专业"双平台、双核心、双情境"三双人才培养模式研究与实践[J]．中国职业技术教育，2014（8）：94-96．

[3] 龚小勇，武春岭，唐继勇，等．信息安全技术专业"双平台、双核心、双情境"人才培养模式的创新与实践[J]．中国职业技术教育，2014（29）：5-10．

[4] 李贺华，武春岭，龚小勇，等．基于工学结合的高职信息安全专业教材开发实践[J]．职业技术教育，2013（2）：82-84．

[5] 武春岭，李贺华，鲁先志．高职信息安全技术专业工学交替人才培养模式研究[J]．中国职业技术教育，2013（36）：80-82．

[6] 武春岭，龚小勇．信息安全技术专业基于工作过程支撑平台课程体系开发实践[M]．北京：电子工业出版社，2011．

[7] 龚小勇．以"能力标准"为核心的课程设计与"四环相扣"教学模式研究[M]．北京：电子工业出版社，2012．

[8] 龚小勇．"四环相扣"教学模式的创新与实践[J]．中国职业技术教育，2012（2）：41-44．

[9] 马威．浅谈新时代下的高校信息安全教育[J]．高教学刊，2019（11）．

[10] 吴同，兰洁．美国网络空间安全教育体系及对我国的启示[J]保密科学技术，2016（10）．

[11] 李岬．国外网络信息安全立法现状概况[J]．信息安全与通信保密，2015（08）：25-27．

[12] 张杉杉．中国网络信息安全立法研究[D]．哈尔滨：哈尔滨工业大学．2015．

[13] 朱晓华. 重庆市高职高专院校专业结构现状及对策分析[J]. 南宁职业技术学院学报，2016（21）.

[14] 田丰. 产业经济发展下高职专业布局现状与思考：以重庆市为例[J]. 职业教育研究，2017（6）：66-68.

[15] 杨楠. 高职院校专业设置与区域产业协调发展研究[D]. 武汉：湖北工业大学，2017：46-52.

[16] 陈亮任，陈薇伶. 我国信息安全产业发展现状及趋势分析[J]. 福建电脑，2018（06）：7-9.

[17] 张慧青. 基于产业结构演进的高职专业结构调整研究[D]. 上海：华东师范大学，2017：219-223.

[18] 赵佳佳，童秀英. 关于重庆市高职高专专业结构的调查研究[J]. 职教论坛，2010（33）：87-90.

[19] 2019年中国信息安全行业发展现状分析，信息安全持续快速发展. 华经情报网[EB/OL].[2019-01-31]. https://baijiahao.baidu.com/s?id=1624167551826483398&wfr=spider&for=pc.

[20] Gartner:2016年全球信息安全支出将增长7.9%至816亿美元[EB/OL]. [2016-08-11]. http://www.sohu.com/a/110117978_344769.

[21] 2018年国内外信息安全相关大事件[EB/OL]. [2019-01-28]. http://safe.it168.com/a2019/0128/5154/000005154008.shtml.

[22] 2018年十大数据泄露事件盘点[EB/OL]. [2018-12-21].http://www.raincent.com/content-10-12853-1.html.

[23] 《国家网络空间安全战略》发布[EB/OL]. [2016-12-27].http://www.cac.gov.cn/2016-12/27/c_1120195878.htm.

[24] 工业和信息化部关于印发《公共互联网网络安全突发事件应急预案》的通知[EB/OL]. [2017-11-14]. http://www.miit.gov.cn/n1146295/n1652858/n1652930/n3757016/c5925919/content.html.

[25] 2017年中国信息安全行业政策及发展前景分析[EB/OL]. [2017-03-04].http://www.chyxx.com/industry/201703/500666.html.

[26] 工信部副部长：加快出台促进网络安全产业发展指导意见[EB/OL]. [2019-08-21]. https://baijiahao.baidu.com/s?id=1642445635177379682&wfr=spider&for=p.

附录一

《国家网络空间安全战略》

信息技术广泛应用和网络空间兴起发展，极大促进了经济社会繁荣进步，同时也带来了新的安全风险和挑战。网络空间安全（以下称网络安全）事关人类共同利益，事关世界和平与发展，事关各国国家安全。维护我国网络安全是协调推进全面建成小康社会、全面深化改革、全面依法治国、全面从严治党战略布局的重要举措，是实现"两个一百年"奋斗目标、实现中华民族伟大复兴中国梦的重要保障。为贯彻落实习近平主席关于推进全球互联网治理体系变革的"四项原则"和构建网络空间命运共同体的"五点主张"，阐明中国关于网络空间发展和安全的重大立场，指导中国网络安全工作，维护国家在网络空间的主权、安全、发展利益，制定本战略。

（一）机遇和挑战

1. 重大机遇

伴随信息革命的飞速发展，互联网、通信网、计算机系统、自动化控制系统、数字设备及其承载的应用、服务和数据等组成的网络空间，正在全面改变人们的生产生活方式，深刻影响人类社会历史发展进程。

信息传播的新渠道。网络技术的发展，突破了时空限制，拓展了传播范围，创新了传播手段，引发了传播格局的根本性变革。网络已成为人们获取信息、学习交流的新渠道，成为人类知识传播的新载体。

生产生活的新空间。当今世界，网络深度融入人们的学习、生活、工作等方方面面，网络教育、创业、医疗、购物、金融等日益普及，越来越多的人通过网络交流思想、成就事业、实现梦想。

经济发展的新引擎。互联网日益成为创新驱动发展的先导力量，信息技术在国民经济各行业广泛应用，推动传统产业改造升级，催生了新技术、新业态、新产业、新模式，促进了经济结构调整和经济发展方式转变，为经济社会发展注入了新的动力。

文化繁荣的新载体。网络促进了文化交流和知识普及，释放了文化发展活力，推动了文化创新创造，丰富了人们精神文化生活，已经成为传播文化的新途径、提供公共文化服务的新手段。网络文化已成为文化建设的重要组成部分。

社会治理的新平台。网络在推进国家治理体系和治理能力现代化方面的作用日益凸显，电子政务应用走向深入，政府信息公开共享，推动了政府决策科学化、民主化、法治化，畅通了公民参与社会治理的渠道，成为保障公民知情权、参与权、表达权、监督权的重要途径。

交流合作的新纽带。信息化与全球化交织发展，促进了信息、资金、技术、人才等要素的全球流动，增进了不同文明交流融合。网络让世界变成了地球村，国际社会越来越成为你中有我、我中有你的命运共同体。

国家主权的新疆域。网络空间已经成为与陆地、海洋、天空、太空同等重要的人类活动新领域，国家主权拓展延伸到网络空间，网络空间主权成为国家主权的重要组成部分。尊重网络空间主权，维护网络安全，谋求共治，实现共赢，正在成为国际社会共识。

2. 严峻挑战

网络安全形势日益严峻，国家政治、经济、文化、社会、国防安全及公民在网络空间的合法权益面临严峻风险与挑战。

网络渗透危害政治安全。政治稳定是国家发展、人民幸福的基本前提。利用网络干涉他国内政、攻击他国政治制度、煽动社会动乱、颠覆他国政权，以及大规模网络监控、网络窃密等活动严重危害国家政治安全和用户信息安全。

网络攻击威胁经济安全。网络和信息系统已经成为关键基础设施乃至整个经济社会的神经中枢，遭受攻击破坏、发生重大安全事件，将导致能源、交通、通信、金融等基础设施瘫痪，造成灾难性后果，严重危害国家经济安全和公共利益。

网络有害信息侵蚀文化安全。网络上各种思想文化相互激荡、交锋，优秀传统文化和主流价值观面临冲击。网络谣言、颓废文化和淫秽、暴力、迷信等违背社会主义核心价值观的有害信息侵蚀青少年身心健康，败坏社会风气，误导价值取向，危害文化安全。网上道德失范、诚信缺失现象频发，网络文明程度亟待提高。

网络恐怖和违法犯罪破坏社会安全。恐怖主义、分裂主义、极端主义等势力利用网络煽动、策划、组织和实施暴力恐怖活动，直接威胁人民生命财产安全、社会秩序。计算机病毒、木马等在网络空间传播蔓延，网络欺诈、黑客攻击、侵犯知识产权、滥用个人信息等不法行为大量存在，一些组织肆意窃取用户信息、交易数据、位置信息以及企业商业秘密，严重损害国家、企业和个人利益，影响社会和谐稳定。

网络空间的国际竞争方兴未艾。国际上争夺和控制网络空间战略资源、抢占规则制定权和战略制高点、谋求战略主动权的竞争日趋激烈。个别国家强化网络威慑战略，加剧网络空间军备竞赛，世界和平受到新的挑战。

网络空间机遇和挑战并存，机遇大于挑战。必须坚持积极利用、科学发展、依法管理、确保安全，坚决维护网络安全，最大限度利用网络空间发展潜力，更好惠及 13 亿多中国人民，造福全人类，坚定维护世界和平。

（二）目标

以总体国家安全观为指导，贯彻落实创新、协调、绿色、开放、共享的发展理念，增强风险意识和危机意识，统筹国内国际两个大局，统筹发展安全两件大事，积极防御、有效应对，推进网络空间和平、安全、开放、合作、有序，维护国家主权、安全、发展利益，实现建设网络强国的战略目标。

和平：信息技术滥用得到有效遏制，网络空间军备竞赛等威胁国际和平的活动得到有效控制，网络空间冲突得到有效防范。

安全：网络安全风险得到有效控制，国家网络安全保障体系健全完善，核心技术装备安全可控，网络和信息系统运行稳定可靠。网络安全人才满足需求，全社会的网络安全意识、基本防护技能和利用网络的信心大幅提升。

开放：信息技术标准、政策和市场开放、透明，产品流通和信息传播更加顺畅,数字鸿沟日益弥合。不分大小、强弱、贫富,世界各国特别是发展中国家都能分享发展机遇、共享发展成果、公平参与网络空间治理。

合作:世界各国在技术交流、打击网络恐怖和网络犯罪等领域的合作更加密切,多边、民主、透明的国际互联网治理体系健全完善,以合作共赢为核心的网络空间命运共同体逐步形成。

有序:公众在网络空间的知情权、参与权、表达权、监督权等合法权益得到充分保障,网络空间个人隐私获得有效保护,人权受到充分尊重。网络空间的国内和国际法律体系、标准规范逐步建立,网络空间实现依法有效治理,网络环境诚信、文明、健康,信息自由流动与维护国家安全、公共利益实现有机统一。

(三)原则

一个安全稳定繁荣的网络空间,对各国乃至世界都具有重大意义。中国愿与各国一道,加强沟通、扩大共识、深化合作,积极推进全球互联网治理体系变革,共同维护网络空间和平安全。

1. 尊重维护网络空间主权

网络空间主权不容侵犯,尊重各国自主选择发展道路、网络管理模式、互联网公共政策和平等参与国际网络空间治理的权利。各国主权范围内的网络事务由各国人民自己做主,各国有权根据本国国情,借鉴国际经验,制定有关网络空间的法律法规,依法采取必要措施,管理本国信息系统及本国疆域上的网络活动;保护本国信息系统和信息资源免受侵入、干扰、攻击和破坏,保障公民在网络空间的合法权益;防范、阻止和惩治危害国家安全和利益的有害信息在本国网络传播,维护网络空间秩序。任何国家都不搞网络霸权、不搞双重标准,不利用网络干涉他国内政,不从事、纵容或支持危害他国国家安全的网络活动。

2. 和平利用网络空间

和平利用网络空间符合人类的共同利益。各国应遵守《联合国宪章》关于不得使用或威胁使用武力的原则,防止信息技术被用于与维护国际安全与稳定相悖的目的,共同抵制网络空间军备竞赛、防范网络空间冲突。坚持相互尊重、平等相待,求同存异、包容互信,尊重彼此在网络空间的安全利益和重大关切，推动构建和谐网络世界。反对以国家安全为借口，利用技术优势控制他国网络和信息系统、收集和窃取他国数据，更不能以牺牲别国安全谋求自身所谓绝对安全。

3. 依法治理网络空间

全面推进网络空间法治化，坚持依法治网、依法办网、依法上网，让互联网在法治轨道上健康运行。依法构建良好网络秩序，保护网络空间信息依法有序自由流动，保护个人隐私，保护知识产权。任何组织和个人在网络空间享有自由、行使权利的同时，须遵守法律，尊重他人权利，对自己在网络上的言行负责。

4. 统筹网络安全与发展

没有网络安全就没有国家安全，没有信息化就没有现代化。网络安全和信息化是一体之两翼、驱动之双轮。正确处理发展和安全的关系，坚持以安全保发展，以发展促安全。安全是发展的前提，任何以牺牲安全为代价的发展都难以持续。发展是安全的基础，不发展是最大的不安全。没有信息化发展，网络安全也没有保障，已有的安全甚至会丧失。

（四）战略任务

中国的网民数量和网络规模世界第一，维护好中国网络安全，不仅是自身需要，对于维护全球网络安全乃至世界和平都具有重大意义。中国致力于维护国家网络空间主权、安全、发展利益，推动互联网造福人类，推动网络空间和平利用和共同治理。

1. 坚定捍卫网络空间主权

根据宪法和法律法规管理我国主权范围内的网络活动，保护我国信息设施和信息资源安全，采取包括经济、行政、科技、法律、外交、军事等一切措施，坚定不移地维护我国网络空间主权。坚决反对通过网络颠覆我国国家政权、破坏我国国家主权的一切行为。

2. 坚决维护国家安全

防范、制止和依法惩治任何利用网络进行叛国、分裂国家、煽动叛乱、颠覆或者煽动颠覆人民民主专政政权的行为；防范、制止和依法惩治利用网络进行窃取、泄露国家秘密等危害国家安全的行为；防范、制止和依法惩治境外势力利用网络进行渗透、破坏、颠覆、分裂活动。

3. 保护关键信息基础设施

国家关键信息基础设施是指关系国家安全、国计民生，一旦数据泄露、遭到破坏或者丧失功能可能严重危害国家安全、公共利益的信息设施，包括但不限于提供公共通信、广播电视传输等服务的基础信息网络，能源、金融、交通、教育、科研、水利、工业制造、医疗卫生、社会保障、公用事业等领域和国家机关的重要信息系统，重要互联网应用系统等。采取一切必要措施保护关键信息基础设施及其重要数据不受攻击破坏。坚持技术和管理并重、保护和震慑并举，着眼识别、防护、检测、预警、响应、处置等环节，建立实施关键信息基础设施保护制度，从管理、技术、人才、资金等方面加大投入，依法综合施策，切实加强关键信息基础设施安全防护。

关键信息基础设施保护是政府、企业和全社会的共同责任，主管、运营单位和组织要按照法律法规、制度标准的要求，采取必要措施保障关键信息基础设施安全，逐步实现先评估后使用。加强关键信息基础设施风险评估。加强党政机关以及重点领域网站的安全防护，基层党政机关网站要按集约化模式建设运行和管理。建立政府、行业与企业的网络安全信息有序共享机制，充分发挥企业在保护关键信息基础设施中的重要作用。

坚持对外开放，立足开放环境下维护网络安全。建立实施网络安全审查制度，加强供应链安全管理，对党政机关、重点行业采购使用的重要信息技术产品和服务开展安全审查，提高产品和服务的安全性和可控性，防止产品服务提供者和其他组织利用信息技术优势实施不正当竞争或损害用户利益。

4. 加强网络文化建设

加强网上思想文化阵地建设，大力培育和践行社会主义核心价值观，实施网络内容建设工程，发展积极向上的网络文化，传播正能量，凝聚强大精神力量，营造良好网络氛围。鼓励拓展新业务、创作新产品，打造体现时代精神的网络文化品牌，不断提高网络文化产业规模水平。实施中华优秀文化网上传播工程，积极推动优秀传统文化和当代文化精品的数字化、网络化制作和传播。发挥互联网传播平台优势，推动中外优秀文化交流互鉴，让各国人民了解中华优秀文化，让中国人民了解各国优秀文化，共同推动网络文化繁荣发展，丰富人们精神世界，促进人类文明进步。

加强网络伦理、网络文明建设，发挥道德教化引导作用，用人类文明优秀成果滋养网络空间、修复网络生态。建设文明诚信的网络环境，倡导文明办网、文明上网，形成安全、文明、有序的信息传播秩序。坚决打击谣言、淫秽、暴力、迷信、邪教等违法有害信息在网络空间传播蔓延。提高青少年网络文明素养，加强对未成年人上网保护，通过政府、社会组织、社区、学校、家庭等方面的共同努力，为青少年健康成长创造良好的网络环境。

5. 打击网络恐怖和违法犯罪

加强网络反恐、反间谍、反窃密能力建设，严厉打击网络恐怖和网络间谍活动。

坚持综合治理、源头控制、依法防范，严厉打击网络诈骗、网络盗窃、贩枪贩毒、侵害公民个人信息、传播淫秽色情、黑客攻击、侵犯知识产权等违法犯罪行为。

6. 完善网络治理体系

坚持依法、公开、透明管网治网，切实做到有法可依、有法必依、执法必严、违法必究。健全网络安全法律法规体系，制定出台网络安全法、未成年人网络保护条例等法律法规，明确社会各方面的责任和义务，明确网络安全管理要求。加快对现行法律的修订和解释，使之适用于网络空间。完善网络安全相关制度，建立网络信任体系，提高网络安全管理的科学化规范化水平。

加快构建法律规范、行政监管、行业自律、技术保障、公众监督、社会教育相结合的网络治理体系，推进网络社会组织管理创新，健全基础管理、内容管理、行业管理以及网络违法犯罪防范和打击等工作联动机制。加强网络空间通信秘密、言论自由、商业秘密，以及名誉权、财产权等合法权益的保护。

鼓励社会组织等参与网络治理，发展网络公益事业，加强新型网络社会组织建设。鼓励网民举报网络违法行为和不良信息。

7. 夯实网络安全基础

坚持创新驱动发展，积极创造有利于技术创新的政策环境，统筹资源和力量,以企业为主体,产学研用相结合,协同攻关、以点带面、整体推进,尽快在核心技术上取得突破。重视软件安全,加快安全可信产品推广应用。发展网络基础设施,丰富网络空间信息内容。实施"互联网+"行动,大力发展网络经济。实施国家大数据战略,建立大数据安全管理制度,支持大数据、云计算等新一代信息技术创新和应用。优化市场环境,鼓励网络安全企业做大做强,为保障国家网络安全夯实产业基础。

建立完善国家网络安全技术支撑体系。加强网络安全基础理论和重大问题研究。加强网络安全标准化和认证认可工作,更多地利用标准规范网络空间行为。做好等级保护、风险评估、漏洞发现等基础性工作,完善网络安全监测预警和网络安全重大事件应急处置机制。

实施网络安全人才工程,加强网络安全学科专业建设,打造一流网络安全学院和创新园区,形成有利于人才培养和创新创业的生态环境。办好网络安全宣传周活动,大力开展全民网络安全宣传教育。推动网络安全教育进教材、进学校、进课堂,提高网络媒介素养,增强全社会网络安全意识和防护技能,提高广大网民对网络违法有害信息、网络欺诈等违法犯罪活动的辨识和抵御能力。

8. 提升网络空间防护能力

网络空间是国家主权的新疆域。建设与我国国际地位相称、与网络强国相适应的网络空间防护力量,大力发展网络安全防御手段,及时发现和抵御网络入侵,铸造维护国家网络安全的坚强后盾。

9. 强化网络空间国际合作

在相互尊重、相互信任的基础上,加强国际网络空间对话合作,推动互联网全球治理体系变革。深化同各国的双边、多边网络安全对话交流和信息沟通,有效管控分歧,积极参与全球和区域组织网络安全合作,推动互联网地址、根域名服务器等基础资源管理国际化。

支持联合国发挥主导作用,推动制定各方普遍接受的网络空间国际规则、网络空间国际反恐公约,健全打击网络犯罪司法协助机制,深化在政策法律、技术创新、标准规范、应急响应、关键信息基础设施保护等领域的国际合作。

加强对发展中国家和落后地区互联网技术普及和基础设施建设的

支持援助，努力弥合数字鸿沟。推动"一带一路"建设，提高国际通信互联互通水平，畅通信息丝绸之路。搭建世界互联网大会等全球互联网共享共治平台，共同推动互联网健康发展。通过积极有效的国际合作，建立多边、民主、透明的国际互联网治理体系，共同构建和平、安全、开放、合作、有序的网络空间。

附录二

《中华人民共和国网络安全法》

第一章 总则

第一条 为了保障网络安全，维护网络空间主权和国家安全、社会公共利益，保护公民、法人和其他组织的合法权益，促进经济社会信息化健康发展，制定本法。

第二条 在中华人民共和国境内建设、运营、维护和使用网络，以及网络安全的监督管理，适用本法。

第三条 国家坚持网络安全与信息化发展并重，遵循积极利用、科学发展、依法管理、确保安全的方针，推进网络基础设施建设和互联互通，鼓励网络技术创新和应用，支持培养网络安全人才，建立健全网络安全保障体系，提高网络安全保护能力。

第四条 国家制定并不断完善网络安全战略，明确保障网络安全的基本要求和主要目标，提出重点领域的网络安全政策、工作任务和措施。

第五条 国家采取措施，监测、防御、处置来源于中华人民共和国境内外的网络安全风险和威胁，保护关键信息基础设施免受攻击、侵入、干扰和破坏，依法惩治网络违法犯罪活动，维护网络空间安全和秩序。

第六条 国家倡导诚实守信、健康文明的网络行为，推动传播社会主义核心价值观，采取措施提高全社会的网络安全意识和水平，形成全社会共同参与促进网络安全的良好环境。

第七条 国家积极开展网络空间治理、网络技术研发和标准制定、打击网络违法犯罪等方面的国际交流与合作，推动构建和平、安全、开放、合作的网络空间，建立多边、民主、透明的网络治理体系。

第八条　国家网信部门负责统筹协调网络安全工作和相关监督管理工作。国务院电信主管部门、公安部门和其他有关机关依照本法和有关法律、行政法规的规定，在各自职责范围内负责网络安全保护和监督管理工作。

县级以上地方人民政府有关部门的网络安全保护和监督管理职责，按照国家有关规定确定。

第九条　网络运营者开展经营和服务活动，必须遵守法律、行政法规，尊重社会公德，遵守商业道德，诚实信用，履行网络安全保护义务，接受政府和社会的监督，承担社会责任。

第十条　建设、运营网络或者通过网络提供服务，应当依照法律、行政法规的规定和国家标准的强制性要求，采取技术措施和其他必要措施，保障网络安全、稳定运行，有效应对网络安全事件，防范网络违法犯罪活动，维护网络数据的完整性、保密性和可用性。

第十一条　网络相关行业组织按照章程，加强行业自律，制定网络安全行为规范，指导会员加强网络安全保护，提高网络安全保护水平，促进行业健康发展。

第十二条　国家保护公民、法人和其他组织依法使用网络的权利，促进网络接入普及，提升网络服务水平，为社会提供安全、便利的网络服务，保障网络信息依法有序自由流动。

任何个人和组织使用网络应当遵守宪法法律，遵守公共秩序，尊重社会公德，不得危害网络安全，不得利用网络从事危害国家安全、荣誉和利益，煽动颠覆国家政权、推翻社会主义制度，煽动分裂国家、破坏国家统一，宣扬恐怖主义、极端主义，宣扬民族仇恨、民族歧视，传播暴力、淫秽色情信息，编造、传播虚假信息扰乱经济秩序和社会秩序，以及侵害他人名誉、隐私、知识产权和其他合法权益等活动。

第十三条　国家支持研究开发有利于未成年人健康成长的网络产品和服务，依法惩治利用网络从事危害未成年人身心健康的活动，为未成年人提供安全、健康的网络环境。

第十四条　任何个人和组织有权对危害网络安全的行为向网信、电信、公安等部门举报。收到举报的部门应当及时依法作出处理；不属于本部门职责的，应当及时移送有权处理的部门。

有关部门应当对举报人的相关信息予以保密，保护举报人的合法权益。

第二章　网络安全支持与促进

第十五条　国家建立和完善网络安全标准体系。国务院标准化行政主管部门和国务院其他有关部门根据各自的职责，组织制定并适时修订有关网络安全管理以及网络产品、服务和运行安全的国家标准、行业标准。

国家支持企业、研究机构、高等学校、网络相关行业组织参与网络安全国家标准、行业标准的制定。

第十六条　国务院和省、自治区、直辖市人民政府应当统筹规划，加大投入，扶持重点网络安全技术产业和项目，支持网络安全技术的研究开发和应用，推广安全可信的网络产品和服务，保护网络技术知识产权，支持企业、研究机构和高等学校等参与国家网络安全技术创新项目。

第十七条　国家推进网络安全社会化服务体系建设，鼓励有关企业、机构开展网络安全认证、检测和风险评估等安全服务。

第十八条　国家鼓励开发网络数据安全保护和利用技术，促进公共数据资源开放，推动技术创新和经济社会发展。

国家支持创新网络安全管理方式，运用网络新技术，提升网络安全保护水平。

第十九条　各级人民政府及其有关部门应当组织开展经常性的网络安全宣传教育，并指导、督促有关单位做好网络安全宣传教育工作。

大众传播媒介应当有针对性地面向社会进行网络安全宣传教育。

第二十条　国家支持企业和高等学校、职业学校等教育培训机构开展网络安全相关教育与培训，采取多种方式培养网络安全人才，促进网络安全人才交流。

第三章　网络运行安全
第一节　一般规定

第二十一条　国家实行网络安全等级保护制度。网络运营者应当按照网络安全等级保护制度的要求，履行下列安全保护义务，保障网络免受干扰、破坏或者未经授权的访问，防止网络数据泄露或者被窃取、篡改：

（一）制定内部安全管理制度和操作规程，确定网络安全负责人，落实网络安全保护责任；

（二）采取防范计算机病毒和网络攻击、网络侵入等危害网络安全行为的技术措施；

（三）采取监测、记录网络运行状态、网络安全事件的技术措施，并按照规定留存相关的网络日志不少于六个月；

（四）采取数据分类、重要数据备份和加密等措施；

（五）法律、行政法规规定的其他义务。

第二十二条　网络产品、服务应当符合相关国家标准的强制性要求。网络产品、服务的提供者不得设置恶意程序；发现其网络产品、服务存在安全缺陷、漏洞等风险时，应当立即采取补救措施，按照规定及时告知用户并向有关主管部门报告。

网络产品、服务的提供者应当为其产品、服务持续提供安全维护；在规定或者当事人约定的期限内，不得终止提供安全维护。

网络产品、服务具有收集用户信息功能的，其提供者应当向用户明示并取得同意；涉及用户个人信息的，还应当遵守本法和有关法律、行政法规关于个人信息保护的规定。

第二十三条　网络关键设备和网络安全专用产品应当按照相关国家标准的强制性要求，由具备资格的机构安全认证合格或者安全检测符合要求后，方可销售或者提供。国家网信部门会同国务院有关部门制定、公布网络关键设备和网络安全专用产品目录，并推动安全认证和安全检测结果互认，避免重复认证、检测。

第二十四条　网络运营者为用户办理网络接入、域名注册服务，办理固定电话、移动电话等入网手续，或者为用户提供信息发布、即时通讯等服务，在与用户签订协议或者确认提供服务时，应当要求用户提供真实身份信息。用户不提供真实身份信息的，网络运营者不得为其提供相关服务。

国家实施网络可信身份战略，支持研究开发安全、方便的电子身份认证技术，推动不同电子身份认证之间的互认。

第二十五条　网络运营者应当制定网络安全事件应急预案，及时处置系统漏洞、计算机病毒、网络攻击、网络侵入等安全风险；在发生危害网络安全的事件时，立即启动应急预案，采取相应的补救措施，并按照规定向有关主管部门报告。

第二十六条　开展网络安全认证、检测、风险评估等活动，向社会发布系统漏洞、计算机病毒、网络攻击、网络侵入等网络安全信息，应当遵守国家有关规定。

第二十七条　任何个人和组织不得从事非法侵入他人网络、干扰他人网络正常功能、窃取网络数据等危害网络安全的活动；不得提供专门用于从事侵入网络、干扰网络正常功能及防护措施、窃取网络数据等危害网络安全活动的程序、工具；明知他人从事危害网络安全的活动的，不得为其提供技术支持、广告推广、支付结算等帮助。

第二十八条　网络运营者应当为公安机关、国家安全机关依法维护国家安全和侦查犯罪的活动提供技术支持和协助。

第二十九条　国家支持网络运营者之间在网络安全信息收集、分析、通报和应急处置等方面进行合作，提高网络运营者的安全保障能力。

有关行业组织建立健全本行业的网络安全保护规范和协作机制，加强对网络安全风险的分析评估，定期向会员进行风险警示，支持、协助会员应对网络安全风险。

第三十条　网信部门和有关部门在履行网络安全保护职责中获取的信息，只能用于维护网络安全的需要，不得用于其他用途。

第二节　关键信息基础设施的运行安全

第三十一条　国家对公共通信和信息服务、能源、交通、水利、金融、公共服务、电子政务等重要行业和领域，以及其他一旦遭到破坏、丧失功能或者数据泄露，可能严重危害国家安全、国计民生、公共利益的关键信息基础设施，在网络安全等级保护制度的基础上，实行重点保护。关键信息基础设施的具体范围和安全保护办法由国务院制定。

国家鼓励关键信息基础设施以外的网络运营者自愿参与关键信息基础设施保护体系。

第三十二条　按照国务院规定的职责分工，负责关键信息基础设施安全保护工作的部门分别编制并组织实施本行业、本领域的关键信息基础设施安全规划，指导和监督关键信息基础设施运行安全保护工作。

第三十三条　建设关键信息基础设施应当确保其具有支持业务稳定、持续运行的性能，并保证安全技术措施同步规划、同步建设、同步使用。

第三十四条　除本法第二十一条的规定外，关键信息基础设施的运营者还应当履行下列安全保护义务：

（一）设置专门安全管理机构和安全管理负责人，并对该负责人和关键岗位的人员进行安全背景审查；

（二）定期对从业人员进行网络安全教育、技术培训和技能考核；

（三）对重要系统和数据库进行容灾备份；

（四）制定网络安全事件应急预案，并定期进行演练；

（五）法律、行政法规规定的其他义务。

第三十五条　关键信息基础设施的运营者采购网络产品和服务，可能影响国家安全的，应当通过国家网信部门会同国务院有关部门组织的国家安全审查。

第三十六条　关键信息基础设施的运营者采购网络产品和服务，应当按照规定与提供者签订安全保密协议，明确安全和保密义务与责任。

第三十七条　关键信息基础设施的运营者在中华人民共和国境内运营中收集和产生的个人信息和重要数据应当在境内存储。因业务需要，确需向境外提供的，应当按照国家网信部门会同国务院有关部门制定的办法进行安全评估；法律、行政法规另有规定的，依照其规定。

第三十八条　关键信息基础设施的运营者应当自行或者委托网络安全服务机构对其网络的安全性和可能存在的风险每年至少进行一次检测评估，并将检测评估情况和改进措施报送相关负责关键信息基础设施安全保护工作的部门。

第三十九条　国家网信部门应当统筹协调有关部门对关键信息基础设施的安全保护采取下列措施：

（一）对关键信息基础设施的安全风险进行抽查检测，提出改进措施，必要时可以委托网络安全服务机构对网络存在的安全风险进行检测评估；

（二）定期组织关键信息基础设施的运营者进行网络安全应急演

练,提高应对网络安全事件的水平和协同配合能力;

(三)促进有关部门、关键信息基础设施的运营者以及有关研究机构、网络安全服务机构等之间的网络安全信息共享;

(四)对网络安全事件的应急处置与网络功能的恢复等,提供技术支持和协助。

第四章 网络信息安全

第四十条 网络运营者应当对其收集的用户信息严格保密,并建立健全用户信息保护制度。

第四十一条 网络运营者收集、使用个人信息,应当遵循合法、正当、必要的原则,公开收集、使用规则,明示收集、使用信息的目的、方式和范围,并经被收集者同意。

网络运营者不得收集与其提供的服务无关的个人信息,不得违反法律、行政法规的规定和双方的约定收集、使用个人信息,并应当依照法律、行政法规的规定和与用户的约定,处理其保存的个人信息。

第四十二条 网络运营者不得泄露、篡改、毁损其收集的个人信息;未经被收集者同意,不得向他人提供个人信息。但是,经过处理无法识别特定个人且不能复原的除外。

网络运营者应当采取技术措施和其他必要措施,确保其收集的个人信息安全,防止信息泄露、毁损、丢失。在发生或者可能发生个人信息泄露、毁损、丢失的情况时,应当立即采取补救措施,按照规定及时告知用户并向有关主管部门报告。

第四十三条 个人发现网络运营者违反法律、行政法规的规定或者双方的约定收集、使用其个人信息的,有权要求网络运营者删除其个人信息;发现网络运营者收集、存储的其个人信息有错误的,有权要求网络运营者予以更正。网络运营者应当采取措施予以删除或者更正。

第四十四条 任何个人和组织不得窃取或者以其他非法方式获取个人信息,不得非法出售或者非法向他人提供个人信息。

第四十五条 依法负有网络安全监督管理职责的部门及其工作人员,必须对在履行职责中知悉的个人信息、隐私和商业秘密严格保密,不得泄露、出售或者非法向他人提供。

第四十六条 任何个人和组织应当对其使用网络的行为负责,不得设立用于实施诈骗,传授犯罪方法,制作或者销售违禁物品、管制物品等违法犯罪活动的网站、通讯群组,不得利用网络发布涉及实施诈骗,制作或者销售违禁物品、管制物品以及其他违法犯罪活动的信息。

第四十七条　网络运营者应当加强对其用户发布的信息的管理,发现法律、行政法规禁止发布或者传输的信息的,应当立即停止传输该信息,采取消除等处置措施,防止信息扩散,保存有关记录,并向有关主管部门报告。

第四十八条　任何个人和组织发送的电子信息、提供的应用软件,不得设置恶意程序,不得含有法律、行政法规禁止发布或者传输的信息。

电子信息发送服务提供者和应用软件下载服务提供者,应当履行安全管理义务,知道其用户有前款规定行为的,应当停止提供服务,采取消除等处置措施,保存有关记录,并向有关主管部门报告。

第四十九条　网络运营者应当建立网络信息安全投诉、举报制度,公布投诉、举报方式等信息,及时受理并处理有关网络信息安全的投诉和举报。

网络运营者对网信部门和有关部门依法实施的监督检查,应当予以配合。

第五十条　国家网信部门和有关部门依法履行网络信息安全监督管理职责,发现法律、行政法规禁止发布或者传输的信息的,应当要求网络运营者停止传输,采取消除等处置措施,保存有关记录;对来源于中华人民共和国境外的上述信息,应当通知有关机构采取技术措施和其他必要措施阻断传播。

第五章　监测预警与应急处置

第五十一条　国家建立网络安全监测预警和信息通报制度。国家网信部门应当统筹协调有关部门加强网络安全信息收集、分析和通报工作,按照规定统一发布网络安全监测预警信息。

第五十二条　负责关键信息基础设施安全保护工作的部门,应当建立健全本行业、本领域的网络安全监测预警和信息通报制度,并按照规定报送网络安全监测预警信息。

第五十三条　国家网信部门协调有关部门建立健全网络安全风险评估和应急工作机制,制定网络安全事件应急预案,并定期组织演练。

负责关键信息基础设施安全保护工作的部门应当制定本行业、本领域的网络安全事件应急预案，并定期组织演练。

网络安全事件应急预案应当按照事件发生后的危害程度、影响范围等因素对网络安全事件进行分级，并规定相应的应急处置措施。

第五十四条　网络安全事件发生的风险增大时，省级以上人民政府有关部门应当按照规定的权限和程序，并根据网络安全风险的特点和可能造成的危害，采取下列措施：

（一）要求有关部门、机构和人员及时收集、报告有关信息，加强对网络安全风险的监测；

（二）组织有关部门、机构和专业人员，对网络安全风险信息进行分析评估，预测事件发生的可能性、影响范围和危害程度；

（三）向社会发布网络安全风险预警，发布避免、减轻危害的措施。

第五十五条　发生网络安全事件，应当立即启动网络安全事件应急预案，对网络安全事件进行调查和评估，要求网络运营者采取技术措施和其他必要措施，消除安全隐患，防止危害扩大，并及时向社会发布与公众有关的警示信息。

第五十六条　省级以上人民政府有关部门在履行网络安全监督管理职责中，发现网络存在较大安全风险或者发生安全事件的，可以按照规定的权限和程序对该网络的运营者的法定代表人或者主要负责人进行约谈。网络运营者应当按照要求采取措施，进行整改，消除隐患。

第五十七条　因网络安全事件，发生突发事件或者生产安全事故的，应当依照《中华人民共和国突发事件应对法》、《中华人民共和国安全生产法》等有关法律、行政法规的规定处置。

第五十八条　因维护国家安全和社会公共秩序，处置重大突发社会安全事件的需要，经国务院决定或者批准，可以在特定区域对网络通信采取限制等临时措施。

第六章　法律责任

第五十九条　网络运营者不履行本法第二十一条、第二十五条规定的网络安全保护义务的，由有关主管部门责令改正，给予警告；拒不改正或者导致危害网络安全等后果的，处一万元以上十万元以下罚款，对直接负责的主管人员处五千元以上五万元以下罚款。

关键信息基础设施的运营者不履行本法第三十三条、第三十四条、第三十六条、第三十八条规定的网络安全保护义务的，由有关主管部门责令改正，给予警告；拒不改正或者导致危害网络安全等后果的，处十万元以上一百万元以下罚款，对直接负责的主管人员处一万元以上十万元以下罚款。

第六十条　违反本法第二十二条第一款、第二款和第四十八条第一款规定，有下列行为之一的，由有关主管部门责令改正，给予警告；拒不改正或者导致危害网络安全等后果的，处五万元以上五十万元以下罚款，对直接负责的主管人员处一万元以上十万元以下罚款：

（一）设置恶意程序的；

（二）对其产品、服务存在的安全缺陷、漏洞等风险未立即采取补救措施，或者未按照规定及时告知用户并向有关主管部门报告的；

（三）擅自终止为其产品、服务提供安全维护的。

第六十一条　网络运营者违反本法第二十四条第一款规定，未要求用户提供真实身份信息，或者对不提供真实身份信息的用户提供相关服务的，由有关主管部门责令改正；拒不改正或者情节严重的，处五万元以上五十万元以下罚款，并可以由有关主管部门责令暂停相关业务、停业整顿、关闭网站、吊销相关业务许可证或者吊销营业执照，对直接负责的主管人员和其他直接责任人员处一万元以上十万元以下罚款。

第六十二条　违反本法第二十六条规定，开展网络安全认证、检测、风险评估等活动，或者向社会发布系统漏洞、计算机病毒、网络攻击、网络侵入等网络安全信息的，由有关主管部门责令改正，给予警告；拒不改正或者情节严重的，处一万元以上十万元以下罚款，并可以由有关主管部门责令暂停相关业务、停业整顿、关闭网站、吊销相关业务许可证或者吊销营业执照，对直接负责的主管人员和其他直接责任人员处五千元以上五万元以下罚款。

第六十三条　违反本法第二十七条规定，从事危害网络安全的活动，或者提供专门用于从事危害网络安全活动的程序、工具，或者为他人从事危害网络安全的活动提供技术支持、广告推广、支付结算等帮助，尚不构成犯罪的，由公安机关没收违法所得，处五日以下拘留，可以并处五万元以上五十万元以下罚款；情节较重的，处五日以上十五日以下拘留，可以并处十万元以上一百万元以下罚款。

单位有前款行为的，由公安机关没收违法所得，处十万元以上一百万元以下罚款，并对直接负责的主管人员和其他直接责任人员依照前款规定处罚。

违反本法第二十七条规定，受到治安管理处罚的人员，五年内不得从事网络安全管理和网络运营关键岗位的工作；受到刑事处罚的人员，终身不得从事网络安全管理和网络运营关键岗位的工作。

第六十四条　网络运营者、网络产品或者服务的提供者违反本法第二十二条第三款、第四十一条至第四十三条规定，侵害个人信息依法得到保护的权利的，由有关主管部门责令改正，可以根据情节单处或者并处警告、没收违法所得、处违法所得一倍以上十倍以下罚款，没有违法所得的，处一百万元以下罚款，对直接负责的主管人员和其他直接责任人员处一万元以上十万元以下罚款；情节严重的，并可以责令暂停相关业务、停业整顿、关闭网站、吊销相关业务许可证或者吊销营业执照。

违反本法第四十四条规定，窃取或者以其他非法方式获取、非法出售或者非法向他人提供个人信息，尚不构成犯罪的，由公安机关没收违法所得，并处违法所得一倍以上十倍以下罚款，没有违法所得的，处一百万元以下罚款。

第六十五条　关键信息基础设施的运营者违反本法第三十五条规定，使用未经安全审查或者安全审查未通过的网络产品或者服务的，由有关主管部门责令停止使用，处采购金额一倍以上十倍以下罚款；对直接负责的主管人员和其他直接责任人员处一万元以上十万元以下罚款。

第六十六条　关键信息基础设施的运营者违反本法第三十七条规定，在境外存储网络数据，或者向境外提供网络数据的，由有关主管部门责令改正，给予警告，没收违法所得，处五万元以上五十万元以下罚款，并可以责令暂停相关业务、停业整顿、关闭网站、吊销相关业务许可证或者吊销营业执照；对直接负责的主管人员和其他直接责任人员处一万元以上十万元以下罚款。

第六十七条　违反本法第四十六条规定，设立用于实施违法犯罪活动的网站、通讯群组，或者利用网络发布涉及实施违法犯罪活动的信息，尚不构成犯罪的，由公安机关处五日以下拘留，可以并处一万元以上十万元以下罚款；情节较重的，处五日以上十五日以下拘留，可以并处五万元以上五十万元以下罚款。关闭用于实施违法犯罪活动的网站、通讯群组。

单位有前款行为的，由公安机关处十万元以上五十万元以下罚款，并对直接负责的主管人员和其他直接责任人员依照前款规定处罚。

第六十八条　网络运营者违反本法第四十七条规定，对法律、行政法规禁止发布或者传输的信息未停止传输、采取消除等处置措施、保存有关记录的，由有关主管部门责令改正，给予警告，没收违法所得；拒不改正或者情节严重的，处十万元以上五十万元以下罚款，并可以责令暂停相关业务、停业整顿、关闭网站、吊销相关业务许可证或者吊销营业执照，对直接负责的主管人员和其他直接责任人员处一万元以上十万元以下罚款。

电子信息发送服务提供者、应用软件下载服务提供者，不履行本法第四十八条第二款规定的安全管理义务的，依照前款规定处罚。

第六十九条　网络运营者违反本法规定，有下列行为之一的，由有关主管部门责令改正；拒不改正或者情节严重的，处五万元以上五十万元以下罚款，对直接负责的主管人员和其他直接责任人员，处一万元以上十万元以下罚款：

（一）不按照有关部门的要求对法律、行政法规禁止发布或者传输的信息，采取停止传输、消除等处置措施的；

（二）拒绝、阻碍有关部门依法实施的监督检查的；

（三）拒不向公安机关、国家安全机关提供技术支持和协助的。

第七十条　发布或者传输本法第十二条第二款和其他法律、行政法规禁止发布或者传输的信息的，依照有关法律、行政法规的规定处罚。

第七十一条　有本法规定的违法行为的，依照有关法律、行政法规的规定记入信用档案，并予以公示。

第七十二条　国家机关政务网络的运营者不履行本法规定的网络

安全保护义务的，由其上级机关或者有关机关责令改正；对直接负责的主管人员和其他直接责任人员依法给予处分。

第七十三条　网信部门和有关部门违反本法第三十条规定，将在履行网络安全保护职责中获取的信息用于其他用途的，对直接负责的主管人员和其他直接责任人员依法给予处分。

网信部门和有关部门的工作人员玩忽职守、滥用职权、徇私舞弊，尚不构成犯罪的，依法给予处分。

第七十四条　违反本法规定，给他人造成损害的，依法承担民事责任。

违反本法规定，构成违反治安管理行为的，依法给予治安管理处罚；构成犯罪的，依法追究刑事责任。

第七十五条　境外的机构、组织、个人从事攻击、侵入、干扰、破坏等危害中华人民共和国的关键信息基础设施的活动，造成严重后果的，依法追究法律责任；国务院公安部门和有关部门并可以决定对该机构、组织、个人采取冻结财产或者其他必要的制裁措施。

第七章　附则

第七十六条　本法下列用语的含义：

（一）网络，是指由计算机或者其他信息终端及相关设备组成的按照一定的规则和程序对信息进行收集、存储、传输、交换、处理的系统。

（二）网络安全，是指通过采取必要措施，防范对网络的攻击、侵入、干扰、破坏和非法使用以及意外事故，使网络处于稳定可靠运行的状态，以及保障网络数据的完整性、保密性、可用性的能力。

（三）网络运营者，是指网络的所有者、管理者和网络服务提供者。

（四）网络数据，是指通过网络收集、存储、传输、处理和产生的各种电子数据。

（五）个人信息，是指以电子或者其他方式记录的能够单独或者与其他信息结合识别自然人个人身份的各种信息，包括但不限于自然人的姓名、出生日期、身份证件号码、个人生物识别信息、住址、电话号码等。

第七十七条　存储、处理涉及国家秘密信息的网络的运行安全保护，除应当遵守本法外，还应当遵守保密法律、行政法规的规定。

第七十八条　军事网络的安全保护，由中央军事委员会另行规定。

第七十九条　本法自 2017 年 6 月 1 日起施行。

附录三

公共互联网网络安全突发事件应急预案

1. 总则

1.1 编制目的

建立健全公共互联网网络安全突发事件应急组织体系和工作机制，提高公共互联网网络安全突发事件综合应对能力，确保及时有效地控制、减轻和消除公共互联网网络安全突发事件造成的社会危害和损失，保证公共互联网持续稳定运行和数据安全，维护国家网络空间安全，保障经济运行和社会秩序。

1.2 编制依据

《中华人民共和国突发事件应对法》《中华人民共和国网络安全法》《中华人民共和国电信条例》等法律法规和《国家突发公共事件总体应急预案》《国家网络安全事件应急预案》等相关规定。

1.3 适用范围

本预案适用于面向社会提供服务的基础电信企业、域名注册管理和服务机构（以下简称域名机构）、互联网企业（含工业互联网平台企业）发生网络安全突发事件的应对工作。

本预案所称网络安全突发事件，是指突然发生的，由网络攻击、网络入侵、恶意程序等导致的，造成或可能造成严重社会危害或影响，需要电信主管部门组织采取应急处置措施予以应对的网络中断（拥塞）、系统瘫痪（异常）、数据泄露（丢失）、病毒传播等事件。

本预案所称电信主管部门包括工业和信息化部及各省（自治区、直辖市）通信管理局。

工业和信息化部对国家重大活动期间网络安全突发事件应对工作另有规定的，从其规定。

1.4 工作原则

公共互联网网络安全突发事件应急工作坚持统一领导、分级负责；坚持统一指挥、密切协同、快速反应、科学处置；坚持预防为主，预防与应急相结合；落实基础电信企业、域名机构、互联网服务提供者的主体责任；充分发挥网络安全专业机构、网络安全企业和专家学者等各方面力量的作用。

2. 组织体系

2.1 领导机构与职责

在中央网信办统筹协调下，工业和信息化部网络安全和信息化领导小组（以下简称部领导小组）统一领导公共互联网网络安全突发事件应急管理工作，负责特别重大公共互联网网络安全突发事件的统一指挥和协调。

2.2 办事机构与职责

在中央网信办下设的国家网络安全应急办公室统筹协调下，在部领导小组统一领导下，工业和信息化部网络安全应急办公室（以下简称部应急办）负责公共互联网网络安全应急管理事务性工作；及时向部领导小组报告突发事件情况，提出特别重大网络安全突发事件应对措施建议；负责重大网络安全突发事件的统一指挥和协调；根据需要协调较大、一般网络安全突发事件应对工作。

部应急办具体工作由工业和信息化部网络安全管理局承担，有关单位明确负责人和联络员参与部应急办工作。

2.3 其他相关单位职责

各省（自治区、直辖市）通信管理局负责组织、指挥、协调本行政区域相关单位开展公共互联网网络安全突发事件的预防、监测、报告和应急处置工作。

基础电信企业、域名机构、互联网企业负责本单位网络安全突发事件预防、监测、报告和应急处置工作，为其他单位的网络安全突发事件应对提供技术支持。

国家计算机网络应急技术处理协调中心、中国信息通信研究院、中国软件评测中心、国家工业信息安全发展研究中心（以下统称网络安全专业机构）负责监测、报告公共互联网网络安全突发事件和预警信息，为应急工作提供决策支持和技术支撑。

鼓励网络安全企业支撑参与公共互联网网络安全突发事件应对工作。

3. 事件分级

根据社会影响范围和危害程度，公共互联网网络安全突发事件分为四级：特别重大事件、重大事件、较大事件、一般事件。

3.1 特别重大事件

符合下列情形之一的，为特别重大网络安全事件：

（1）全国范围大量互联网用户无法正常上网；

（2）.CN国家顶级域名系统解析效率大幅下降；

（3）1亿以上互联网用户信息泄露；

（4）网络病毒在全国范围大面积爆发；

（5）其他造成或可能造成特别重大危害或影响的网络安全事件。

3.2 重大事件

符合下列情形之一的，为重大网络安全事件：

（1）多个省大量互联网用户无法正常上网；

（2）在全国范围有影响力的网站或平台访问出现严重异常；

（3）大型域名解析系统访问出现严重异常；

（4）1千万以上互联网用户信息泄露；

（5）网络病毒在多个省范围内大面积爆发；

（6）其他造成或可能造成重大危害或影响的网络安全事件。

3.3 较大事件

符合下列情形之一的，为较大网络安全事件：

（1）1个省内大量互联网用户无法正常上网；

（2）在省内有影响力的网站或平台访问出现严重异常；

（3）1百万以上互联网用户信息泄露；

（4）网络病毒在1个省范围内大面积爆发；

（5）其他造成或可能造成较大危害或影响的网络安全事件。

3.4 一般事件

符合下列情形之一的，为一般网络安全事件：

（1）1个地市大量互联网用户无法正常上网；

（2）10万以上互联网用户信息泄露；

（3）其他造成或可能造成一般危害或影响的网络安全事件。

4. 监测预警

4.1 事件监测

基础电信企业、域名机构、互联网企业应当对本单位网络和系统的运行状况进行密切监测，一旦发生本预案规定的网络安全突发事件，应当立即通过电话等方式向部应急办和相关省（自治区、直辖市）通信管理局报告，不得迟报、谎报、瞒报、漏报。

网络安全专业机构、网络安全企业应当通过多种途径监测、收集已经发生的公共互联网网络安全突发事件信息，并及时向部应急办和相关省（自治区、直辖市）通信管理局报告。

报告突发事件信息时，应当说明事件发生时间、初步判定的影响范围和危害、已采取的应急处置措施和有关建议。

4.2 预警监测

基础电信企业、域名机构、互联网企业、网络安全专业机构、网络安全企业应当通过多种途径监测、收集漏洞、病毒、网络攻击最新动向等网络安全隐患和预警信息，对发生突发事件的可能性及其可能造成的影响进行分析评估；认为可能发生特别重大或重大突发事件的，应当立即向部应急办报告；认为可能发生较大或一般突发事件的，应当立即向相关省（自治区、直辖市）通信管理局报告。

4.3 预警分级

建立公共互联网网络突发事件预警制度，按照紧急程度、发展态势和可能造成的危害程度，公共互联网网络突发事件预警等级分为四级：由高到低依次用红色、橙色、黄色和蓝色标示，分别对应可能发生特别重大、重大、较大和一般网络安全突发事件。

4.4 预警发布

部应急办和各省（自治区、直辖市）通信管理局应当及时汇总分析突发事件隐患和预警信息，必要时组织相关单位、专业技术人员、专家学者进行会商研判。

认为需要发布红色预警的，由部应急办报国家网络安全应急办公室统一发布（或转发国家网络安全应急办公室发布的红色预警），并报部领导小组；认为需要发布橙色预警的，由部应急办统一发布，并报国家网络安全应急办公室和部领导小组；认为需要发布黄色、蓝色预警的，相关省（自治区、直辖市）通信管理局可在本行政区域内发布，并报部应急办，同时通报地方相关部门。对达不到预警级别但又需要发布警示信息的，部应急办和各省（自治区、直辖市）通信管理局可以发布风险提示信息。

发布预警信息时，应当包括预警级别、起始时间、可能的影响范围和造成的危害、应采取的防范措施、时限要求和发布机关等，并公布咨询电话。面向社会发布预警信息可通过网站、短信、微信等多种形式。

4.5 预警响应

4.5.1 黄色、蓝色预警响应

发布黄色、蓝色预警后，相关省（自治区、直辖市）通信管理局应当针对即将发生的网络安全突发事件的特点和可能造成的危害，采取下列措施：

（1）要求有关单位、机构和人员及时收集、报告有关信息，加强网络安全风险的监测；

（2）组织有关单位、机构和人员加强事态跟踪分析评估，密切关注事态发展，重要情况报部应急办；

（3）及时宣传避免、减轻危害的措施，公布咨询电话，并对相关信息的报道工作进行正确引导。

4.5.2 红色、橙色预警响应

发布红色、橙色预警后，部应急办除采取黄色、蓝色预警响应措施外，还应当针对即将发生的网络安全突发事件的特点和可能造成的危害，采取下列措施：

（1）要求各相关单位实行24小时值班，相关人员保持通信联络畅通；

（2）组织研究制定防范措施和应急工作方案，协调调度各方资源，做好各项准备工作，重要情况报部领导小组；

（3）组织有关单位加强对重要网络、系统的网络安全防护；

（4）要求相关网络安全专业机构、网络安全企业进入待命状态，针对预警信息研究制定应对方案，检查应急设备、软件工具等，确保处于良好状态。

4.6 预警解除

部应急办和省（自治区、直辖市）通信管理局发布预警后，应当根据事态发展，适时调整预警级别并按照权限重新发布；经研判不可能发生突发事件或风险已经解除的，应当及时宣布解除预警，并解除已经采取的有关措施。相关省（自治区、直辖市）通信管理局解除黄色、蓝色预警后，应及时向部应急办报告。

5. 应急处置

5.1 响应分级

公共互联网网络安全突发事件应急响应分为四级：Ⅰ级、Ⅱ级、Ⅲ级、Ⅳ级，分别对应已经发生的特别重大、重大、较大、一般事件的应急响应。

5.2 先行处置

公共互联网网络安全突发事件发生后，事发单位在按照本预案规定立即向电信主管部门报告的同时，应当立即启动本单位应急预案，组织本单位应急队伍和工作人员采取应急处置措施，尽最大努力恢复网络和系统运行，尽可能减少对用户和社会的影响，同时注意保存网络攻击、网络入侵或网络病毒的证据。

5.3 启动响应

Ⅰ级响应根据国家有关决定或经部领导小组批准后启动，由部领导小组统一指挥、协调。

Ⅱ级响应由部应急办决定启动，由部应急办统一指挥、协调。

Ⅲ级、Ⅳ级响应由相关省（自治区、直辖市）通信管理局决定启动，并负责指挥、协调。

启动Ⅰ级、Ⅱ级响应后，部应急办立即将突发事件情况向国家网络安全应急办公室等报告；部应急办和相关单位进入应急状态，实行24小时值班，相关人员保持联络畅通，相关单位派员参加部应急办工作；视情在部应急办设立应急恢复、攻击溯源、影响评估、信息发布、跨部门协调、国际协调等工作组。

启动Ⅲ级、Ⅳ级响应后，相关省（自治区、直辖市）通信管理局应及时将相关情况报部应急办。

5.4 事态跟踪

启动Ⅰ级、Ⅱ级响应后，事发单位和网络安全专业机构、网络安全企业应当持续加强监测，跟踪事态发展，检查影响范围，密切关注舆情，及时将事态发展变化、处置进展情况、相关舆情报部应急办。省（自治区、直辖市）通信管理局立即全面了解本行政区域受影响情况，并及时报部应急办。基础电信企业、域名机构、互联网企业立即了解自身网络和系统受影响情况，并及时报部应急办。

启动Ⅲ级、Ⅳ级响应后，相关省（自治区、直辖市）通信管理局组织相关单位加强事态跟踪研判。

5.5 决策部署

启动Ⅰ级、Ⅱ级响应后，部领导小组或部应急办紧急召开会议，听取各相关方面情况汇报，研究紧急应对措施，对应急处置工作进行决策部署。

针对突发事件的类型、特点和原因，要求相关单位采取以下措施：带宽紧急扩容、控制攻击源、过滤攻击流量、修补漏洞、查杀病毒、关闭端口、启用备份数据、暂时关闭相关系统等；对大规模用户信息泄露事件，要求事发单位及时告知受影响的用户，并告知用户减轻危害的措施；防止发生次生、衍生事件的必要措施；其他可以控制和减轻危害的措施。

做好信息报送。及时向国家网络安全应急办公室等报告突发事件处置进展情况；视情况由部应急办向相关职能部门、相关行业主管部门通报突发事件有关情况，必要时向相关部门请求提供支援。视情况向外国政府部门通报有关情况并请求协助。

注重信息发布。及时向社会公众通告突发事件情况，宣传避免或减轻危害的措施，公布咨询电话，引导社会舆论。未经部应急办同意，各相关单位不得擅自向社会发布突发事件相关信息。

启动Ⅲ级、Ⅳ级响应后，相关省（自治区、直辖市）通信管理局组织相关单位开展处置工作。处置中需要其他区域提供配合和支持的，接受请求的省（自治区、直辖市）通信管理局应当在权限范围内积极配合并提供必要的支持；必要时可报请部应急办予以协调。

5.6 结束响应

突发事件的影响和危害得到控制或消除后,Ⅰ级响应根据国家有关决定或经部领导小组批准后结束;Ⅱ级响应由部应急办决定结束,并报部领导小组;Ⅲ级、Ⅳ级响应由相关省(自治区、直辖市)通信管理局决定结束,并报部应急办。

6. 事后总结

6.1 调查评估

公共互联网网络安全突发事件应急响应结束后,事发单位要及时调查突发事件的起因(包括直接原因和间接原因)、经过、责任,评估突发事件造成的影响和损失,总结突发事件防范和应急处置工作的经验教训,提出处理意见和改进措施,在应急响应结束后10个工作日内形成总结报告,报电信主管部门。电信主管部门汇总并研究后,在应急响应结束后20个工作日内形成报告,按程序上报。

6.2 奖惩问责

工业和信息化部对网络安全突发事件应对工作中作出突出贡献的先进集体和个人给予表彰或奖励。

对不按照规定制定应急预案和组织开展演练,迟报、谎报、瞒报和漏报突发事件重要情况,或在预防、预警和应急工作中有其他失职、渎职行为的单位或个人,由电信主管部门给予约谈、通报或依法、依规给予问责或处分。基础电信企业有关情况纳入企业年度网络与信息安全责任考核。

7. 预防与应急准备

7.1 预防保护

基础电信企业、域名机构、互联网企业应当根据有关法律法规和国家、行业标准的规定,建立健全网络安全管理制度,采取网络安全防护技术措施,建设网络安全技术手段,定期进行网络安全检查和风险评估,及时消除隐患和风险。电信主管部门依法开展网络安全监督检查,指导督促相关单位消除安全隐患。

7.2 应急演练

电信主管部门应当组织开展公共互联网网络安全突发事件应急演练,提高相关单位网络安全突发事件应对能力。基础电信企业、大型互联网企业、域名机构要积极参与电信主管部门组织的应急演练，并应每年组织开展一次本单位网络安全应急演练，应急演练情况要向电信主管部门报告。

7.3 宣传培训

电信主管部门、网络安全专业机构组织开展网络安全应急相关法律法规、应急预案和基本知识的宣传教育和培训，提高相关企业和社会公众的网络安全意识和防护、应急能力。基础电信企业、域名机构、互联网企业要面向本单位员工加强网络安全应急宣传教育和培训。鼓励开展各种形式的网络安全竞赛。

7.4 手段建设

工业和信息化部规划建设统一的公共互联网网络安全应急指挥平台，汇集、存储、分析有关突发事件的信息，开展应急指挥调度。指导基础电信企业、大型互联网企业、域名机构和网络安全专业机构等单位规划建设本单位突发事件信息系统，并与工业和信息化部应急指挥平台实现互联互通。

7.5 工具配备

基础电信企业、域名机构、互联网企业和网络安全专业机构应加强对木马查杀、漏洞检测、网络扫描、渗透测试等网络安全应急装备、工具的储备，及时调整、升级软件硬件工具。鼓励研制开发相关技术装备和工具。

8. 保障措施

8.1 落实责任

各省（自治区、直辖市）通信管理局、基础电信企业、域名机构、互联网企业、网络安全专业机构要落实网络安全应急工作责任制，把责任落实到单位领导、具体部门、具体岗位和个人，建立健全本单位网络安全应急工作体制机制。

8.2 经费保障

工业和信息化部为部应急办、各省（自治区、直辖市）通信管理局、网络安全专业机构开展公共互联网网络安全突发事件应对工作提供必要的经费保障。基础电信企业、域名机构、大型互联网企业应当安排专项资金，支持本单位网络安全应急队伍建设、手段建设、应急演练、应急培训等工作开展。

8.3 队伍建设

网络安全专业机构要加强网络安全应急技术支撑队伍建设，不断提升网络安全突发事件预防保护、监测预警、应急处置、攻击溯源等能力。基础电信企业、域名机构、大型互联网企业要建立专门的网络安全应急队伍，提升本单位网络安全应急能力。支持网络安全企业提升应急支撑能力，促进网络安全应急产业发展。

8.4 社会力量

建立工业和信息化部网络安全应急专家组，充分发挥专家在应急处置工作中的作用。从网络安全专业机构、相关企业、科研院所、高等学校中选拔网络安全技术人才，形成网络安全技术人才库。

8.5 国际合作

工业和信息化部根据职责建立国际合作渠道，签订国际合作协议，必要时通过国际合作应对公共互联网网络安全突发事件。鼓励网络安全专业机构、基础电信企业、域名机构、互联网企业、网络安全企业开展网络安全国际交流与合作。

9. 附则

9.1 预案管理

本预案原则上每年评估一次，根据实际情况由工业和信息化部适时进行修订。

各省（自治区、直辖市）通信管理局要根据本预案，结合实际制定或修订本行政区域公共互联网网络安全突发事件应急预案，并报工业和信息化部备案。

基础电信企业、域名机构、互联网企业要制定本单位公共互联网网络安全突发事件应急预案。基础电信企业、域名机构、大型互联网企业的应急预案要向电信主管部门备案。

9.2 预案解释

本预案由工业和信息化部网络安全管理局负责解释。

9.3 预案实施时间

本预案自印发之日起实施。2009年9月29日印发的《公共互联网网络安全应急预案》同时废止。

附录四

《加快发展工业互联网平台企业赋能制造业转型升级的指导意见》

各区县(自治县)人民政府,市政府各部门,有关单位:

工业互联网是新一代信息通信技术与制造业深度融合的关键基础设施、新型应用模式和全新工业生态,是互联网从消费领域向生产领域、从虚拟经济向实体经济拓展的核心载体。抢抓数字革命重要窗口期,加快发展工业互联网平台企业,加速产业集聚融合,对于推动大数据智能化为引领的科技创新,推进数字产业化、产业数字化,促进制造业高质量发展,建设现代化经济体系具有重要意义。经市政府同意,现就加快发展工业互联网平台企业赋能制造业转型升级提出如下指导意见。

一、总体要求

(一)指导思想。

以习近平新时代中国特色社会主义思想为指导,深入学习贯彻党的十九大和十九届二中、三中全会精神,全面贯彻落实习近平总书记对重庆提出的"两点"定位、"两地""两高"目标、发挥"三个作用"和营造良好政治生态的重要指示要求,深入推进供给侧结构性改革,贯彻落实网络强国、数字中国、智慧社会战略,突出智能制造和制造智能,着力构建以网络为基础、平台为关键、产业为支撑、安全为保障、应用为根本的工业互联网生态体系,加快新旧动能接续转换,为建设以数字经济为重点的现代化经济体系提供坚实保障。

(二)基本原则。

——市场主导,政府引导。充分发挥市场在资源配置中的决定性作用和更好发挥政府作用,强化功能平台高位整合、高端配置、高效对接资源优势,通过政府引导、市场规范、政策扶持、优化服务,突出企业主体地位,激发企业开创意识,以市场需求为导向加快各领域平台企业培育和应用示范,积极营造平台企业发展良好环境。

——创新驱动,融合发展。突出理念创新、技术创新、机制创新等,最大限度激发平台企业创新创业创造活力。全面融合技术、资本、数据等各类资源,促进产业平台化、制造服务化、跨界融合化,不断催生新技术、新产业、新业态、新模式,释放"重庆服务与重庆制造"组合效应。

——分类推进、突出特色。立足产业布局和发展基础,发挥比较优势,培育竞争优势,实行分类指导,增强平台综合服务功能。依托现有特色产业集聚载体,突出龙头企业带动,集聚高端要素,培育一批有品牌力、有竞争力、有影响力的重庆特色平台和企业品牌。

——开放带动,服务实体。全面融入共建"一带一路"和长江经济带发展,全面深化改革开放,促进对外开放和对内合作的良性互动,培育发展开放型平台经济。坚持"从平台中来,到实体中去",增强在全球范围内获取发展要素能力,促进平台企业成为服务实体的重要支撑。

(三)主要目标。

到2022年,初步构建起工业互联网平台赋能制造业的发展格局,形成工业互联网平台生态和支撑体系。推动工业互联网平台和标识解析协同发展,力争形成工业互联网标识解析体系区域核心,争创国家级工业大数据制造业创新中心。引进一批第三方服务平台,培育3—5家具有国内竞争力的平台。发展一批制造业开放服务平台,建设20个以上个性化定制、网络化协同、服务化转型的平台。

二、发展工业互联网平台

(一)基础服务平台。

1. 基础服务平台。以工业互联网标识解析国家顶级节点(重庆)建设为基础,加快推动行业性二级节点的建设和连接,加快建设工业互联网标识解析注册备案平台、安全保障平台、新技术新产品测试床、展示中心和重点实验室等,提供标识解析基础服务。加快创建国家级工业大数据制造业创新中心,推动工业大数据技术研发、创新发展和应用等基础服务。支持建设基于工业核心软硬件的创新和研发中心，开展基础创新服务。

2. 数据服务平台。支持建设工业大数据服务平台，发展云存储、云容灾、云计算、边缘计算、海量数据分析等服务，推动数据服务产品发展。

（责任单位：市经济信息委、市科技局、市大数据发展局、市通信管理局，各区县〔自治县，以下简称区县〕政府）

（二）第三方服务平台。

3. 发展工业互联网综合赋能平台。支持企业建设第三方服务平台，发展制造工艺管理、研发仿真设计、资源配置优化、企业运营管理、生产过程管控、设备管理服务等应用和服务，赋能制造业智能化。支持企业建设工业 APP（手机等移动终端软件）综合赋能平台，支持重点行业工业 APP 研发，形成工业 APP 产业发展生态，构建开放共享和交易的工业 APP 应用市场平台。支持企业构建通用基础设施即服务（IaaS）、软件即服务（SaaS）、平台即服务（PaaS）等平台环境，推动工业软件和信息系统云平台化部署。

4. 鼓励工业互联网专业领域平台。支持企业建设第三方供应链协同管理、物流仓储服务、公共测试验证、工业耗材服务等专业领域平台，整合多方资源和需求，优化管理和服务模式，促进提效降本。

（责任单位：市经济信息委，各区县政府）

（三）制造业开放服务平台。

5. 注重制造业通过平台开放和服务。支持企业通过贯通企业内外部供应链、产业链、价值链，形成产品、生产和服务的协同平台，连接企业实现网络化协同，连接用户实现个性化定制，连接产品实现服务化转型。支持汽车产业聚焦制造与工艺管理、产品研发设计、生产过程管控和产品后服务等建设和应用平台。电子信息产业聚焦产品研发设计、生产过程管控和个性化定制服务等建设和应用平台。消费品产业聚焦企业运营管理、供应链管理和用户交互的个性化定制服务。新材料、生物医药、化工等聚焦生产过程管控、能耗优化管理、质量管理等建设和应用平台。

（责任单位：市经济信息委、市科技局，各区县政府）

三、完善工业互联网平台支撑

（一）夯实网络化基础。

6. 网络信息基础设施。推进第五代移动通信（5G）建设和商用，推动互联网协议第 6 版（IPV6）规模部署，提升重庆骨干网络容量和网间互联互通能力。落实国家网络提速降费政策，降低企业专线接入和云服务成本。

7. 推动企业网络改造。支持企业利用 5G、IPv6、窄带物联网（NB—IoT）、工业无源光网络（PON）、软件定义网络（SDN）等新型网络技术，推进企业内部网络的 IP 化、扁平化、柔性化技术改造。

（责任单位：市通信管理局、市经济信息委，各区县政府）

（二）强化产业支撑。

8. 关键共性技术支撑。鼓励企业和科研院所建设工业互联网创新中心，围绕工业互联网核心关键技术、网络技术、融合应用技术开展联合攻关，促进边缘计算、人工智能、增强现实、虚拟现实、区块链等技术在工业互联网中的应用研究和探索。

9. 系统解决方案支撑。围绕智能传感器、工业软件、工业网络设备、工业安全设备、标识解析等领域，加快布局形成一批工业互联网整体解决方案。打造一批面向特定工业场景的工业微服务、工业 APP，推广一批经济实用的微服务化系统解决方案。

（责任单位：市科技局、市经济信息委、市大数据发展局，各区县政府）

（三）安全保障支撑。

10. 落实安全主体责任。落实工业互联网相关企业的网络安全主体责任，引导企业加大安全投入，加强数据收集、存储、处理、转移、删除等环节安全防护能力，健全数据流动管理机制，提升安全防护能力。

11. 提升安全防护能力。支持信息安全企业、科研机构搭建系统仿真测试、云安全防护、评估验证等关键共性技术平台，研发工控安全防护技术工具。选取重点行业典型企业，开展安全可靠产品、行业解决方案的试点示范和行业应用。

12. 发展信息安全产业。推动标识解析系统安全、工业互联网平台安全、工业控制系统安全、工业大数据安全等相关技术和产业发展，整合行业资源、创新服务模式，开展安全咨询、评估和认证等服务，提升整体安全保障服务能力。

（责任单位：市委网信办、市经济信息委、市通信管理局，各区县政府）

四、构建工业互联网平台生态

（一）推动企业"上云上平台"。

13. 支持重点企业采用私有云、公有云、混合云等云设施、技术和架构，集成融合企业信息系统，建设应用自有云平台，实施数字化精益生产、网络化协同、智能化经营、个性化柔性制造、服务化运维等。

14. 支持企业应用第三方服务平台的云资源、云软件、云应用和云服务等，实现工业软件云端运用、信息系统云平台化部署、设备和产线云平台化管理运维、企业业务云平台化经营发展等。

（责任单位：市经济信息委，各区县政府）

（二）构建生态体系。

15. 完善平台企业聚集载体。加快两江数字经济产业园、中国智谷（重庆）科技园、区块链产业创新基地、信息安全产业基地等建设，支持北碚区打造工业互联网产业生态园区，推动工业互联网和工业数据资源向重点园区集聚。

16. 着力引进培育平台企业。大力支持国内外知名IT企业和大数据企业来渝发展，建设第三方服务工业互联网平台，为制造业企业赋能。支持制造业引领企业整合产业链、价值链、数据链，设立工业互联网平台企业，向服务型企业转型。

17. 构建"智慧园区"服务平台。围绕产业链、创新链、资金链、服务链，聚焦信息安全、融资服务、协调创新、协同制造等产业园区共性需求，建设一批特色化智慧园区公共服务平台，打造特色智慧园区"云生态"。

18. 创新服务体系。引进整合高校、科研院所、企业等各类创新资源，建设重庆工业互联网创新中心和新型研发机构，组织研发和成果产业化，打造协同研发、测试验证、数据利用、咨询评估、创业孵化等公共创新服务载体。

19. 应用服务体系。完善中小企业商业价值和知识价值信用贷款平台，打造供应链金融服务创新试验区。建立完善工业互联网服务商资源池，促进工业互联网服务商与制造业企业精准对接，发展个性化定制、网络化协同和服务化转型等制造业新模式。鼓励工业互联网服务商面向制造业企业提供咨询诊断、展示展览、行业资讯、人才培训等增值服务。

20. 构建协同发展体系。鼓励企业以供需双方需求为导向，整合产业链上下游各环节数据资源，构建中介型共享制造、众创型共享制造、服务型共享制造、协同型共享制造等基于工业互联网平台的新型生产组织方式。

（责任单位：市经济信息委、市科技局、市招商投资局，各区县政府）

五、保障措施

21. 加强组织领导。市经济信息委牵头做好本意见的贯彻实施，统筹协调各级各部门力量，形成全市上下协同推进工业互联网平台企业发展的良好局面。各区县政府、市政府有关部门要研究制定推动工业互联网平台企业发展的具体措施，确保工作推进有抓手、有载体、有成效。

（责任单位：市经济信息委等，各区县政府）

22. 分步分类推进。选择一批基础较好、创新性和带动性强的重点区域、行业、企业开展试点示范。加快培育一批在国内外有一定影响力和示范性的工业互联网平台企业，形成可复制可推广的经验，并向其他企业、行业和地区推广应用。

（责任单位：市经济信息委等，各区县政府）

23. 推动开放合作。深入贯彻落实国家对外开放战略，深化与国内外平台经济龙头企业战略合作，加强与国内外相关组织在架构、技术、标准、应用、人才等领域开展合作交流，推动企业"引进来"和"走出去"。

（责任单位：市经济信息委、市招商投资局、市商务委，各区县政府）

24. 强化人才培育。加强人才队伍建设，坚持引进和培养相结合，大力引进国内外工业互联网领军人才和创业创新团队。加强工业互联网相关学科建设，建设一批产学研用结合的产教融合实训基地，培养一批实干型和应用型人才。

（责任单位：市教委、市人力社保局，各区县政府）

25. 完善政策支持。充分发挥专项资金引导带动作用，加大对工业互联网平台企业的倾斜力度，引导金融资本向工业互联网相关产业流动，完善工业互联网产业政策体系，促进工业互联网产业创新发展。

（责任单位：市财政局、市经济信息委、市金融监管局，各区县政府）

26. 营造良好环境。发挥工业互联网产业联盟等行业组织作用，全方位促进工业互联网平台企业发展，营造全社会支持发展的良好氛围。持续深化"放管服"改革，扩大市场主体平等进入范围。加强知识产权和合法交易保护。科学制定工业互联网平台企业的统计分类和标准，动态监测工业互联网平台企业运行。

（责任单位：市经济信息委、市市场监管局、市政府新闻办、市政府职转办、市统计局，各区县政府）

重庆市人民政府办公厅
2019 年 7 月 15 日